Gulden / Scheer • Tanzen mit Grundschulkindern

Elke Gulden / Bettina Scheer

# Tanzen mit Grundschulkindern

Limpert Verlag Wiebelsheim

**Bibliografische Information der Deutschen Nationalbibliothek**
Die Deutsche Nationalbibliothek verzeichnet diese Publikation in der Deutschen Nationalbibliografie; detaillierte bibliografische Daten sind im Internet über http://dnb.d-nb.de abrufbar.

1. Auflage 2011

www.verlagsgemeinschaft.com



Zeichnungen: Kasia Sander, Recklinghausen
Musikkomponist: Marco Stiehler, Flehingen
Druck und Verarbeitung: Media-Print Informationstechnologie, Paderborn
Printed in Germany / Imprimé en Allemagne
ISBN 978-3-7853-1805-8

# Inhaltsverzeichnis

# Einführung

## Kinder brauchen tänzerische Erfahrungen in der Schule

Tanz und Musik sind Bestandteile unserer Welt seit Menschengedenken. In allen Völkern und Kulturen haben sich unabhängig voneinander Melodien und dazu entsprechende Bewegungen entwickelt. Auf diese Weise sind viele verschiedene Formen und Arten entstanden und noch heute ist Tanz nichts Starres, das am Ende seiner Entwicklung steht, sondern vielmehr analog unserer Sprache eine sich ständig selbsterneuernde und weiterentwickelnde körperliche Ausdrucksweise. Dabei fließen sowohl kulturelle Hintergründe als auch neue moderne Lebensgefühle junger Generationen ein. Im 19. Jahrhundert war der Wiener Walzer eine ebenso große Revolution wie der Rock 'n' Roll in den 50ern und der Breakdance in den 80ern Jahren des 20. Jahrhunderts. Neue Generationen suchen sich ihre eigenen Wege auch in den Sparten Sprache, Musik und Tanz.

Tanz gehört zu unserer Kultur und Historie ebenso wie Literatur und Geschichte. Leider findet sich dessen ungeachtet die Sparte Tanz kaum in den Unterrichtsstunden unserer Schulen wieder. Musiktheorie und -geschichte werden selbstverständlich vermittelt. Tanzgeschichte findet aber leider meist nur am Rande statt. Dabei sind Musik und Tanz untrennbar miteinander verbunden. Auch im Sport- und Bewegungsunterricht hat Tanzen in der Regel einen untergeordneten Stellenwert. Meist werden Bewegung und motorische Koordination in diesen Stunden in Form von gymnastischen und turnerischen Elementen vermittelt. Gemeinschaftsgefühl und Teamgeist wird durch entsprechende Spiele gefördert. Tanzen kann allerdings diese Eigenschaften ebenso vermitteln und hat darüber hinaus noch einige andere positiven Eigenschaften zu bieten. Dies soll kein Plädoyer dafür sein, dass zukünftig im Musik- und Sportunterricht nur noch getanzt werden soll. Tanz sollte aber einen höheren Stellenwert in der Schule haben.

Tanz ist eine spielerisch oder künstlerisch rhythmische Bewegung, die Musik oder Geräusche körperlich interpretiert. Damit ist Tanz eine Form von Körpersprache, und Körpersprache wiederum gehört neben der gesprochenen und geschriebenen Sprache zu den drei Bestandteilen, aus denen sich Sprache zusammensetzt. Dabei ist ihre Bedeutung für die Kommunikation durchaus nicht zu unterschätzen.

Fast alle Kinder tanzen gerne. Sie erleben Musik schon im Mutterleib als körperliche und sensorische Erfahrung, und sie erfahren sogar bereits erste Tanzformen, wenn sie zu Schlaf- und Wiegenliedern in den Schlaf geschaukelt werden oder Eltern und Großeltern sich zu Kinderliedern beschwingt und drehend durch den Raum bewegen. Bereits im ersten Lebensjahr reagieren Kinder auf Rhythmen und Melodien und kaum haben sie es geschafft, auf ihren zwei Füßen aufrecht zu laufen, beginnen sie neue Bewegungsformen auszuprobieren und sich beispielsweise im Kreis zu drehen. Viele Kleinkinder haben sogar schon zu diesem frühen Zeitpunkt ihre Lieblingslieder, auf die sie sofort zu tanzen beginnen. Dabei kennen Kinder in der Regel noch keine Scheu. Es ist Aufgabe der Kindergärten und Schulen diese Natürlichkeit der Bewegung aufrecht zu erhalten und gezielt weiter zu entwickeln, so dass sie die Freude an tänzerischer Bewegung beibehalten und Tanz als Ausdrucksform für sich entdecken können. Auf Grund der immer weiter steigenden Kosten der Freizeitangebote haben viele Kinder nicht die Möglichkeit, sich auf diesem Gebiet selbst fortzubilden. Es muss daher Aufgabe der Schulen sein, Kindern ein Grundwissen und vor allem eine Grunderfahrung mitzugeben.

## Tanzen in der Grundschule

Liegt der Schwerpunkt der tänzerischen Bewegungserziehung im Kindergartenalter noch darin, die Kleinen kreativ an Musik und Tanz heranzuführen und ihnen viele verschiedene Bewegungsformen in Koordination zu vorgegebenen Rhythmen im Raum zu vermitteln, steht im Vordergrund des Grundschulalters die Erfahrung von Tanz als Gemeinschaftserlebnis. Um etwas als solches zu empfinden, reicht es jedoch nicht, wenn alle Mitglieder einer Gruppe das Gleiche machen. Schreiben beispielsweise alle Kinder gleichzeitig einen Deutschaufsatz, so wird dies schwerlich als gemeinschaftliches Erlebnis empfunden. Vielmehr ist entscheidend, dass alle Kinder der Gruppe gemeinsam etwas erarbeiten, gemeinsam einen Weg gehen und ein gemeinsames Ziel verfolgen. Selbstverständlich muss das erreichte Ziel am Ende entsprechend gewürdigt werden. Natürlich ist eine gute Note des Lehrers für die Projektarbeit befriedigend, aber insbesondere in den ästhetisch-künstlerischen Bereichen ist nichts so wirkungsvoll und motivierend wie der Applaus eines Publikums. Daher sollte idealerweise eine Möglichkeit der Aufführung des von den Kindern erarbeiteten Tanzes geschaffen werden. In einer Schule gibt es immer wieder passende Veranstaltungen wie Einschulungsfeiern, Adventsbasare, Weihnachtsfeiern und Schulfeste. Auch das Vorführen vor anderen Klassen und Schülern stellt eine Möglichkeit der Präsentation dar. Nicht zu unterschätzen ist dabei auch die „Bühnenerfahrung“, die die Kinder sammeln und die daraus resultierende Entwicklung des Selbstbewusstseins.

Auf dem Weg bis zum Ziel, d.h. von der Erarbeitung des Tanzes bis hin zur Aufführung, sammeln die Kinder dabei viele wichtige Bildungsinhalte, die die Entwicklung ihrer kindlichen Persönlichkeit positiv fördern und unterstützen.

## Tanzen fördert die Gemeinschaft und die psycho-soziale Kompetenz

Einer der größten Vorteile des Tanzes ist, dass dabei weder sprachliche Defizite noch die soziale Herkunft eine Rolle spielen. Alle Kinder bringen die gleichen Voraussetzungen mit. Musik ist interkulturell und weist keine Sprachbarriere auf. Niemand braucht teures Markenmaterial, sondern ein jeder bringt einfach sich selbst und seinen Körper mit und schon kann es losgehen. Musik und Tanz wirken dadurch integrativ und ermöglichen neue Gruppenbildungen.

Tanzen in der Gruppe bedeutet, dass sich jeder Einzelne einbringen, aber auch gleichzeitig eingliedern muss. Das Zusammenspiel dieser beiden zunächst gegensätzlich erscheinenden Aktivitäten ist eine der wichtigsten Eigenschaften, die Kinder in ihrem Leben erlernen müssen. Sie müssen ein Bewusstsein für das eigene Ich im Verhältnis zur Gruppe entwickeln. Darüber hinaus stärken sie ihre soziale Kompetenz in erheblichem Maße, denn von der Entscheidung „Wir tanzen" bis hin zu dem Endprodukt „Tanz" liegt ein Weg, der voller sozialer Kompetenzerfahrungsfelder ist. Es gilt, eine Choreografie einzustudieren, unter Umständen sogar ganz oder zumindest teilweise selbst zu entwickeln, wobei Regeln akzeptiert und Gruppenpositionen eingenommen werden müssen. Alle müssen ein Grundmaß an Disziplin und Durchhaltevermögen aufbringen und aufkommende Konflikte wollen gelöst werden. Sachliche Kritik muss erlaubt sein und muss auf der anderen Seite auch angenommen werden können, was gleichzeitig die Kommunikationsfähigkeit erweitert. Am Ende des gemeisterten Weges steht jedoch ein Produkt, das das Selbstbewusstsein des Einzelnen zurecht in die Höhe steigen lässt und gleichzeitig das Gemeinschaftsgefühl der Klasse fördert.

## Tanzen fördert die motorische Koordination und den körperlichen Ausdruck

Die simultane Bewegung zweier oder mehrer unterschiedlicher Körperteile stellt für viele Grundschulkinder immer noch eine große Herausforderung dar. Ebendiese Bewegungsabläufe finden sich jedoch in jedem Tanz. Darüber hinaus kommt die Schwierigkeit hinzu, andere Körperteile in Ruhe bzw. ganz bewusst in Nicht-Bewegung zu halten. Und als ob dies noch nicht genug wäre, gilt es auch noch, den gesamten Körper in einer bestimmten Grundspannung zu halten. Bereits bei der Ausführung von Bewegung und Koordination von Körperteilen beginnt sich Tanzen vom Bewegungssport zu unterscheiden. Tanz ist eine Ausdrucksform und als solche muss sie auch vermittelt werden, d.h. die Form des Ausdrucks ist entscheidend. In einer Tanzbeschreibung steht lediglich: „Arme senkrecht über dem Kopf in die Luft strecken, Hände offen, Finger gespreizt". Damit die Pose aber auch das ausdrücken kann, was tatsächlich in ihr steckt, müssen alle Muskeln von der Schulter bis zu den Fingerspitzen angespannt sein – nicht so einfach für Grundschulkinder, aber eine großartige Möglichkeit Präsentationserfahrung zu sammeln, die nicht übergangen werden sollte. Tanzen fördert also nicht nur die motorische Koordination an sich, sondern gleichzeitig auch die Weiterentwicklung des kinetischen Sinns, des Gleichgewichtssinns (durch unterschiedliche Gewichtsverlagerungen) und das Gedächtnis für Bewegungsabfolgen.

## Tanzen fördert das Gefühl für Raum und Zeit

Der Mensch bewegt sich grundsätzlich in einem dreidimensionalen Raum. Mit der Schulreife haben die Kinder bereits gelernt, sich im Raum zu orientieren: Sie haben verschiedene Raumrichtungen wie vorwärts – rückwärts, aufwärts – abwärts, rechts und links kennen gelernt. Sie kennen Raumdimensionen, wie beispielsweise hoch – tief, breit – schmal, groß – klein und können ihren Körper in Verhältnissen zu Objekten und Entfernungen zu Hindernissen abschätzen. Nun gilt es, diese Grunderfahrungen zu erweitern und dabei insbesondere die Entfernungsabschätzung weiter zu verfeinern. Beim Tanzen können die Kinder hier vielfältige Erfahrungen sammeln. Dabei geht es nicht nur um die Einschätzung, ob der Platz bis zum Hindernis noch zur Drehung reicht oder nicht. Vielmehr müssen die Kinder auch versuchen, bestimmte Raumaufstellungen wie Linien oder Kreise in der Bewegung beizubehalten. Wie groß müssen die eigenen Schritte sein, damit ich durch eine bestimmte Lücke in der vorgegebenen Schlagzahl komme? All dies hilft Kindern auch in anderen Bereichen. Ständig müssen Entfernungen ab- und eingeschätzt werden, sei es im Straßenverkehr oder „nur" beim Einschätzen der Schrift: Passt das Wort noch in die Zeile oder nicht?

## Tanzen fördert die Musikalität, Emotionalität und die Kreativität

Musikalität beschreibt die Fähigkeit, die musikalischen Grundbausteine Melodie, Rhythmus und Harmonie eines Musikstücks in seiner Gliederung wahrzunehmen und zu begreifen. Es sind eben diese Elemente, auf die auch jede Choreografie aufbaut und die es gilt, künstlerisch umzusetzen. Rhythmus, Tempo und Dynamik müssen beim Tanz in Schrittabfolgen aufgegriffen und umgesetzt und die musikalische Aussage von Melodie und Harmonien muss körperlich ausgedrückt werden. Musik transportiert Emotionen, die sich im Tanzenden widerspiegeln. Dazu steht den Choreografen und den Tänzern ein unendliches Spektrum an Ausdrucks- und Bewegungsmöglichkeiten zur Verfügung, die es gilt neu zusammenzusetzen. Und nichts anderes meint der Begriff Kreativität. Hierzu ist jedoch wichtig, dass Kinder nicht nur fertig choreografierte Tänze einstudieren, sondern an der Entwicklung eines Tanzes beteiligt werden. Der Umfang dessen wird bestimmt durch das Alter der Kinder, deren tänzerische Vorerfahrung und die Gruppengröße.

Es ist uns sehr wichtig an dieser Stelle zu betonen, dass alle Choreografien in diesem Buch Vorschläge sind, die jederzeit und in jedem Maße variiert und geändert werden können.

## Praktische Umsetzung

Am Anfang steht immer die Auswahl der Musik. Es ist wichtig, dass die Musik den Tanzenden gefällt, denn zum einen kann sie nur dann mit Freude vertanzt werden und zum anderen wird die Gruppe sie in der nächsten Zeit sehr oft hören. Gemeinsam mit den Kindern sollte das musikalische Stück zunächst grob analysiert werden: Wie klingt die Melodie? Wie ist der Rhythmus? Wo sind die Übergänge? Gibt es Melodieteile, die sich wiederholen?

Geht es um das Einstudieren einer Choreografie, so müssen zwei unterschiedliche Aspekte betrachtet werden. Zum einen geht es dabei um das Vermitteln der Schritte, zum anderen um die Aufstellungsformen und Raumwege. Die Choreografie wird dabei in kleine sinnvolle Einheiten unterteilt. Begonnen wird in der Regel mit der Sequenz, die sich immer wieder wiederholt. Dabei werden zuerst die Bewegungen der Füße einstudiert. Anschließend kommen die Arme bzw. andere Körperteile hinzu. Neue Schrittfolgen werden idealerweise zunächst in einer Blockaufstellung geübt. Zunächst ohne Musik, also „trocken", später dann mit Musik und anschließend in der entsprechenden Aufstellungsform. Unserer Erfahrung nach ist es empfehlenswert, komplexere Schrittfolgen zu Beginn auf eine „neutrale", gegebenenfalls auch langsamere Musik zu üben. Schließlich wird eine Musikpassage, die immer und immer wieder wiederholt wird, für alle Beteiligten schnell langweilig. Können alle Kinder die Schrittkombinationen umsetzen, werden diese dann zur Originalmusik getanzt. Alle Melodieteile, die dabei noch nicht einstudiert sind, werden mit Freiem Tanzen gefüllt.

Anfangs liegt der Schwerpunkt auf der Vermittlung der Motorik. Erst wenn alle Kinder alle Schritte umsetzen können und wenn alle ihre Körperteile miteinander koordinieren können, wird an der Ausführung und am Ausdruck gearbeitet und die Feinarbeit der Choreografie geleistet. Vielfach wird die Wichtigkeit dieses Aspekts unterschätzt. Es ist jedoch gerade dieses Arbeiten an Details, die die Ausdauer und Disziplin der Kinder fördert und ihre Körpersprache schult. Äußerst motivierend wirkt dabei, wenn die Kinder mit einer Kamera gefilmt werden können. Auf diese Weise erkennen sie selbst ihr Verbesserungspotenzial und bemerken auch Unterschiede im Ausdruck. Ebenso wichtig beim Tanzen ist das Einhalten von Formen und Linien, von Parallelität und Synchronität. Die Kinder müssen aufeinander achten und ihre eigenen Schrittgrößen dem Nachbarn anpassen. Jeder muss auf seinen Tanzraum achten und versuchen, Abstände der entsprechenden Form anzupassen. Für Kinder ist es nicht einfach, Linien gerade und Kreise rund zu halten. Doch genau dies sind die Dinge, die es im Grundschulalter zu erlernen gilt. Auch die Schrift im Heft orientiert sich an Linien und selbst auf einem reinweißen Blatt sollten die Buchstaben irgendwann einmal gerade nebeneinander stehen. Je vielfältiger die Erfahrungen sind, die Kinder machen, desto leichter fällt ihnen das Annehmen und Übernehmen. Dies ist der Ansatz der ganzheitlichen Erziehung – Vermitteln von Lerninhalten über die Zugänge Körper, Geist und Seele. Auch Tanz kann hierzu Entscheidendes beitragen.

Es gibt Raumwege, die sind schwieriger als andere und müssen deshalb gesondert geübt werden. In einem solchen Fall gilt es zunächst, das Raumgefühl der Kinder auszubilden. Daher sollte der Weg erst einmal nur abgeschritten werden, also ganz ohne Körperhaltung oder bestimmte Schrittkombinationen und auch ohne Musik. Erst wenn alle ihre Positionen im Raum und ihre Wege dorthin gefunden haben, wird versucht, den Raum zur Musik zu durchschreiten. Nun gilt es, das festgelegte Tempo zu halten. Erst wenn auch dies gelingt, können Tanzschritte hinzukommen. In der Regel sind Kinder der ersten beiden Grundschuljahre jedoch noch mit einer Kombination aus schwierigen Raumwegen und Tanzschritten überfordert. Aus diesem Grund sollten hier Tänze bzw. Choreografien ausgewählt werden, deren Fokus entweder auf Schrittkombinationen ohne große Positionsänderungen oder auf dem Wechsel von Positionen durch unterschiedliche Raumwege liegt.

Für Aufführungen bedarf es nicht grundsätzlich teurer Kostüme. Allerdings ist es so, dass die Augen immer versuchen, alles in ihrem Blickfeld wahrzunehmen. Dabei sehen sie immer das, worauf sich das Gehirn konzentriert, d.b. je weniger das Gehirn abgelenkt ist, desto aufmerksamer kann der Tanz verfolgt werden. Aus diesem Grund ist es empfehlenswert, dass die Kleidung der Kinder gleich ist. Dabei reichen schon einige Dinge, die alle Kinder in ihrem Kleiderschrank haben, beispielsweise Blue Jeans und weißes T-Shirt (oder irgendeine andere einheitliche Shirt-Farbe). Die dadurch entstehende optische Ruhe bringt schon die Hälfte des Erfolgs. Darüber hinaus fördert einheitliche Kleidung den Gemeinschaftscharakter und stärkt das Zusammengehörigkeitsgefühl.

## Aufstellungsformen

Grundsätzlich wird zwischen geradlinigen und kurvigen Grundformen unterschieden. Jede dieser beiden Formen kann wiederum offen oder geschlossen sein.

Außenstirnkreis

Innenstirnkreis

Blockaufstellung

Tor

## Handhaltungen

Zum besseren Verständnis und reibungslosen Ausführen der Tanzanleitungen finden Sie im Folgenden einen kurzen Überblick von den in den Tänzen vorkommenden Handhaltungen:

Einhandfassung

Beidhandfassung

Kreuzhandfassung

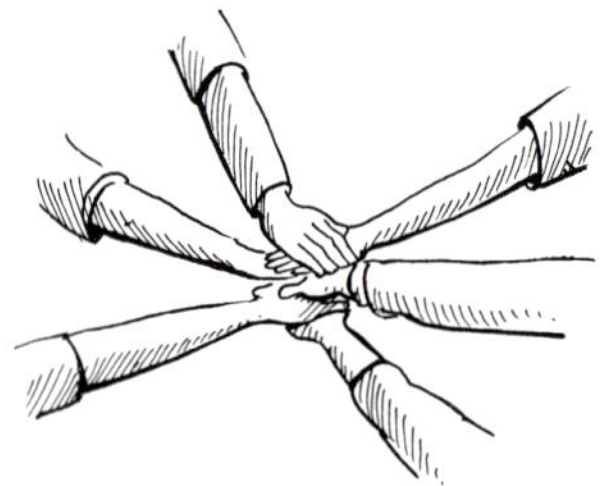

Sternfassung

W-Fassung

## Aufbau der Tanzbeschreibungen

Im folgenden Praxisteil finden sich Tänze im und durchs Klassenzimmer, Tanzspiele sowie Kindertänze in unterschiedlichen Aufstellungsformen. Zu Beginn der Tanzbeschreibung steht immer eine Tabelle, die in übersichtlicher Form die Struktur der Choreografie wiedergibt. Dabei stehen gleiche Buchstaben für gleiche Tanzteile. Ebenso sind Informationen zur Länge des Stückes, Aufstellungsformen, eventuell benötigte Requisiten und zu treffende Vorbereitungen aufgelistet. Danach folgt die Beschreibung der einzelnen Tanzteile, mit einer Zeitangabe des jeweiligen Beginns.
Einige Tänze schließen mit einer Abbildung eines möglichen Schlussbildes ab. Natürlich kann dieses, genau wie einzelne Schrittkombinationen, geändert werden. Oftmals haben die Kinder selbst großartige Ideen für entsprechende Positionen oder Posen.
Um Ihnen und den Kindern den Einstieg ins Tanzen zu erleichtern und eine Steigerung spürbar zu machen, sind die einzelnen Tänze und Spiele je nach ihrem Anspruch mit Schwierigkeitsgruppen von leicht bis schwer mit folgenden Piktogrammen gekennzeichnet:

leicht

mittel

schwer

# Have a break

Track 5

## Musiklänge: 2:43 Min

## Tanzteile:

| Intro | A | B | C | A | B | C | D | E | F | G |
|---|---|---|---|---|---|---|---|---|---|---|
| 2 x<br>1–8 | 4 x<br>1–8 | 4 x<br>1–8 | 8 x<br>1–8 | 4 x<br>1–8 | 4 x<br>1–8 | 8 x<br>1–8 | 4 x<br>1–8 | 4 x<br>1–8 | 4 x<br>1–8 | 4 x<br>1–8 |

**Vorbereitung:** Stühle in einen großen Kreis stellen

**Aufstellung:** Sitzkreis, auf dem Stuhl sitzend, Beine sind geschlossen, Hände liegen auf den Oberschenkeln

| Intro-Zählzeiten | | Beschreibung (00:00) |
|---|---|---|
| 1–2 | je 1–8 | mit den Beinen am Platz wippen |

| A-Teil | Zählzeiten | Beschreibung (00:08) |
|---|---|---|
| 1 | 1–4 | 4 mal am Platz marschieren |
| | 5 | rechte Hand auf die linke Schulter legen |
| | 6 | linke Hand auf die rechte Schulter legen |
| | 7 | rechte Hand auf den rechten Oberschenkel legen |
| | 8 | linke Hand auf den linken Oberschenkel legen |
| 2–4 | je 1–8 | Wiederholung A1 |

| B-Teil | Zählzeiten | Beschreibung (00:24) |
|---|---|---|
| 1 | 1–4 | 2 mal springen beide Beine auf und zu |
| | 5 | rechten Arm nach oben zur Decke strecken |
| | 6 | linken Arm nach oben zur Decke strecken |
| | 7 | rechten Arm auf den Oberschenkel legen |
| | 8 | linken Arm auf den Oberschenkel legen |
| 2–4 | je 1–8 | Wiederholung B1 |

| C-Teil | Zählzeiten | Beschreibung (00:39) |
|---|---|---|
| 1 | 1–4 | aufstehen und sich vor den eigenen Stuhl stellen |
| | 5–8 | jedes Kind geht einen Stuhl weiter, gegen den Uhrzeigersinn |
| 2 | 1–4 | jedes Kind setzt sich auf den nun neuen Stuhl |
| | 5–8 | 4 mal in die eigenen Hände klatschen |
| 3–8 | je 1–8 | Wiederholung C1 und C2 |

Wiederholung Teil A (00:54)
Wiederholung Teil B (01:09)
Wiederholung Teil C (01:24)

| D-Teil | Zählzeiten | Beschreibung (01:39) |
|---|---|---|
| 1 | 1–2 | den Kopf nach rechts drehen |
| | 3–4 | den Kopf zurück in die Mitte führen |
| | 5–6 | den Kopf nach links drehen |
| | 7–8 | den Kopf zurück in die Mitte führen |
| 2 | 1–8 | Wiederholung D1 |
| 3 | 1–4 | aufstehen, vor den eigenen Stuhl stellen |
| | 5–8 | die Unterarme umeinander kreisen lassen (rollen) |
| 4 | 1–8 | sich mit kleinen Schritten um die eigene Achse drehen |

| E-Teil | Zählzeiten | Beschreibung (01:54) |
|---|---|---|
| 1 | 1, 2 + | auf die 3 Trommelschläge 3 unterschiedliche Bewegungen ausführen, die Kinder dürfen sich die Bewegungen frei überlegen |
| | 3–4 | in der letzten Bewegung bleiben, Stille (Freeeze) |
| | 5–8 | Wiederholung E1, 1–4 |
| 2–4 | je 1–8 | Wiederholung E1 |

| F-Teil | Zählzeiten | Beschreibung (02:09) |
|---|---|---|
| 1 | 1–4 | 4 mal am Platz springen |
| | 5,6 | sich in die Hocke setzen |
| | 7,8 | aufspringen |
| 2–4 | je 1–8 | Wiederholung F1 |

| G-Teil | Zählzeiten | Beschreibung (02:24) |
|---|---|---|
| 1 | 1–4 | 4 mal in die eigenen Hände klatschen |
| | 5–8 | alle Kinder laufen durcheinander |
| 2 | 1–7 | alle Kinder laufen durcheinander |
| | 8 | stehen bleiben |
| 3 | 1–4 | 4 mal in die eigenen Hände klatschen |
| | 5–8 | alle Kinder laufen durcheinander |
| 4 | 1–4 | neuen Platz (Stuhl) suchen |
| | 5–8 | sich auf den neuen Stuhl setzen |

## Variation 1

Bei dem Teil E können Sie den Kindern verschiedene Anweisungen geben wie z.B.: bei den Trommelschlägen nur die Arme, Bein oder Füße bewegen.

## Variation 2

Bei dem Teil G können Sie den Kindern unterschiedliche Klatschrhythmen vorgeben wie z.B.: 1+2, 3+4. Den Platzwechsel können Sie auch mit unterschiedlichen Gangarten ausführen.

# Wasserlilien

Track 11

## Musiklänge: 2:42 Min

## Tanzteile:

| A | B | C | D | E | C | D | E | C | A |
|---|---|---|---|---|---|---|---|---|---|
| 2 x<br>1–8 | 4 x<br>1–8 | 4 x<br>1–8 | 4 x<br>1–8 | 8 x<br>1–8 | 4 x<br>1–8 | 4 x<br>1–8 | 8 x<br>1–8 | 4 x<br>1–8 | 2 x<br>1–8 |

**Aufstellung:** Jedes Kind sitzt auf seinem Stuhl an seinem Tisch

| A-Teil | Zählzeiten | Beschreibung (00:00) |
|---|---|---|
| 1 | 1–8 | mit den Armen schlängelnden Bewegungen ausführen (wie Wasserpflanzen) |
| 2 | 1–8 | |

| B-Teil | Zählzeiten | Beschreibung (00:08) |
|---|---|---|
| **1** | 1 | die Hälfte der Kinder steht auf (Gruppe 1) |
| | 2–4 | Pause |
| | 5 | Gruppe 1: setzt sich wieder hin, gleichzeitig steht die andere Hälfte der Kinder auf (Gruppe 2) |
| | 6–8 | Pause |
| **2** | 1 | Gruppe 2: setzt sich wieder hin, gleichzeitig steht die andere Hälfte der Kinder auf (Gruppe 1) |
| | 2–4 | Pause |
| | 5 | Gruppe 1: setzt sich wieder hin, gleichzeitig steht die andere Hälfte der Kinder auf (Gruppe 2) |
| | 6–8 | Pause |
| **3** | 1–8 | Wiederholung B2 |
| **4** | 1 | Gruppe 2 bleibt stehen, Gruppe 1 steht auf |
| | 2–4 | Pause (alle bleiben stehen |
| | 5 | alle Kinder setzen sich hin |
| | 6–8 | Pause |

| C-Teil | Zählzeiten | Beschreibung (00:22) |
|---|---|---|
| **1** | 1,2 | 2 mal auf die Oberschenkel patschen |
| | 3,4 | 2 mal auf den Tisch patschen |
| | 5–8 | Wiederholung C1, 1–4 |
| **2** | 1 | 1 mal auf die Oberschenkel patschen |
| | 2 | 1 mal auf den Tisch patschen |
| | 3–8 | Wiederholung C2, 1–2 (dreimal) |
| **3** | 1–8 | Wiederholung C1 |
| **4** | 1–8 | Wiederholung C1 |

| D-Teil | Zählzeiten | Beschreibung (00:37) |
|---|---|---|
| **1** | 1–4 | mit beiden Händen im Kreis über den Tisch wischen |
| | 5 | rechten Ellenbogen auf den Tisch setzen |
| | 6 | linken Ellenbogen dazu auf den Tisch setzen |
| | 7 | mit der rechten Hand auf den rechten Oberschenkel patschen |
| | 8 | mit der linken Hand auf den linken Oberschenkel patschen |
| **2–4** | je 1–8 | Wiederholung D1 |

| E-Teil | Zählzeiten | Beschreibung (00:51) |
|---|---|---|
| **1** | 1–8 | mit den Armen schlängelnden Bewegungen ausführen (wie Wasserpflanzen), dabei aufstehen und sich hinter den Stuhl stellen, Beine schließen, Arme seitlich am Körper |
| **2** | 1–8 | |
| **3** | 1 | mit dem rechten Fuß in die Grätsche öffnen, Arme in einem V nach oben öffnen |
| | 2 | Pause |
| | 3 | den rechten Fuß neben den linken stellen, Arme wieder neben den Körper führen |
| | 4 | Pause |
| | 5 | mit dem linken Fuß in die Grätsche öffnen, einmal in die Hände klatschen |
| | 6 | Pause |
| | 7 | den linken Fuß neben den rechten stellen, Arme wieder neben den Körper führen |
| | 8 | Pause |
| **4–6** | je 1–8 | Wiederholung E3 |
| **7** | 1 | bei dem Akzent in einer Pose einfrieren (Freeze) |
| | 2–4 | Pause |
| | 5 | bei dem Akzent in einer anderen Pose einfrieren (Freeze) |
| | 6–8 | Pause |
| **8** | 1–4 | Wiederholung E 7, 1–4 |
| | 5–8 | auf den Stuhl setzen |

Wiederholung Teil C (01:19)
Wiederholung Teil D (01:33)
Wiederholung Teil E (01:48)
Wiederholung Teil C (02:16)
Wiederholung Teil A (02:30)

## Variation:

Den C-Teil anstelle des Patschens auf den Tisch die Hände des Sitznachbarn klatschen, dazu sollten alle Kinder stehen.

# Ferienlager

Track 8

## Musiklänge: 3:19 Min

## Tanzteile:

| Intro | A | B | C | A | B | D | Bridge | A | B | C | D |
|---|---|---|---|---|---|---|---|---|---|---|---|
| 2x 1–8 | 4x 1–8 | 4x 1–8 | 4x 1–8 | 4x 1–8 | 4x 1–8 | 4x 1–8 | Trommel-solo | 4x 1–8 | 4x 1–8 | 4x 1–8 | 4x 1–8 |

**Aufstellung:** Jeder steht hinter seinem Stuhl, der dicht an den Tisch geschoben ist.

| Intro-Zählzeiten | | Beschreibung (00:00) |
|---|---|---|
| **1–2** | je 1–8 | am Platz wippen |

| A-Teil | Zählzeiten | Beschreibung (00:10) |
|---|---|---|
| 1–4 | 1 je 1–8 | durch den Raum gehen |

| B-Teil | Zählzeiten | Beschreibung (00:28) |
|---|---|---|
| 1–4 | 1 je 1–8 | Wechselhüpfen |

| C-Teil | Zählzeiten | Beschreibung (00:46) |
|---|---|---|
| 1 | 1–4 | Arme über dem Kopf ausschütteln |
| | 5–8 | Arme bei den Füßen ausschütteln |
| 2 | 1–8 | Wiederholung |
| 3 | 1–4 | rechtes Bein ausschütteln |
| | 5–8 | linkes Bein ausschütteln |
| 4 | 1 | Arme nach oben strecken |
| | 2 | Arme nach unten strecken |
| | 3–8 | Die letzte Armbewegung auf 1 und 2 dreimal wiederholen |

Wiederholung Teil A (01:05)
Wiederholung Teil B (01:23)

| D-Teil | Zählzeiten | Beschreibung (01:41) |
|---|---|---|
| **1** | 1 | rechte Hand auf linke Schulter legen |
| | 2 | linke Hand auf rechte Schulter legen |
| | 3 | rechte Hand auf rechte Pobacke legen |
| | 4 | linke Hand auf linke Pobacke legen |
| | 5–6 | 3x mit dem Popo wackeln |
| | 7 | Arme über den Kopf heben |
| | 8 | Arme wieder senken |
| **2–3** | je 1–8 | Wiederholung der letzten 1–8 Zählzeiten |
| **4** | 1–8 | Unterarme vor dem Körper umeinander rollen |

| Bridge-Zählzeiten | Beschreibung (01:59) |
|---|---|
| **Trommelsolo** | in der Luft trommeln |

Wiederholung Teil A (02:02)
Wiederholung Teil B (02:20)
Wiederholung Teil C (02:38)
Wiederholung Teil D (02:57)

# Relax

Track 13

## Musiklänge: 2:31 Min

## Tanzteile:

| Intro | A | B | Bridge 1 | C | D | Bridge 2 | E | Schluss |
|---|---|---|---|---|---|---|---|---|
| 1x<br>1–6 | 9x<br>1–6 | 9x<br>1–6 | 1x<br>1–6 | 9x<br>1–6 | 9x<br>1–6 | 1x<br>1–3 | 9x<br>1–6 | 1x<br>1–6 |

**Aufstellung:** Stuhlkreis, auf dem Stuhl sitzend

| Intro-Zählzeiten | | Beschreibung (00:00) |
|---|---|---|
| **1** | 1–6 | Pause |

| A-Teil | Zählzeiten | Beschreibung (00:03) |
|---|---|---|
| 1 | 1 | rechten Arm nach oben strecken |
| | 2–5 | dehnen |
| | 6 | rechten Arm senken |
| 2 | 1–6 | Wiederholung A1 gegengleich |
| 3 | 1 | rechtes Bein gerade nach vorne strecken |
| | 2–5 | dehnen |
| | 6 | rechten Fuß aufstellen |
| 4 | 1–6 | Wiederholung A3 gegengleich |
| 5 | 1 | rechten Arm nach oben strecken und gleichzeitig linkes Bein gerade nach vorne strecken |
| | 2–5 | dehnen |
| | 6 | Arm senken, Fuß aufstellen |
| 6 | 1–6 | Wiederholung A5 gegengleich |
| 7 | 1–6 | Wiederholung A5 |
| 8 | 1–6 | Wiederholung A6 |
| 9 | 1–5 | aufstehen, Hände umfassen sich, beide Arme über den Kopf strecken auf die Zehenspitzen gehen und dehnen (s. Abb.) |
| | 6 | stehen, Arme am Körper |

| B-Teil | Zählzeiten | Beschreibung (00:30) |
|---|---|---|
| 1 | 1–6 | beide Schultern gleichzeitig nach hinten kreisen |
| 2 | 1–6 | |
| 3 | 1–6 | beide Schultern gleichzeitig nach vorne kreisen |
| 4 | 1–6 | |
| 5 | 1–6 | rechten Fuß nach außen kreisen |
| 6 | 1–6 | rechten Fuß nach innen kreisen |
| 7 | 1–6 | Wiederholung B5 |
| 8 | 1–6 | Wiederholung B6 |
| 9 | 1–5 | Hände umfassen sich, beide Arme über den Kopf strecken, auf die Zehenspitzen gehen und dehnen |
| | 6 | stehen, Arme am Körper |

| Bridge 1 | | Beschreibung (00:57) |
|---|---|---|
| 1 | 1–6 | sich um die eigene Achse drehen |

| C-Teil | Zählzeiten | Beschreibung (01:00) |
|---|---|---|
| 1–8 | je 1–6 | durch den Raum gehen, dabei den ganzen Körper räkeln und strecken |
| 9 | 1–6 | Wiederholung B9 |

| D-Teil | Zählzeiten | Beschreibung (01:27) |
|---|---|---|
| **1** | 1–6 | Hüftkreisen, dabei liegt die rechte Hand auf dem linken Schulterblatt und die linke Hand auf dem |
| **2** | 1–6 | rechten Schulterblatt (s. Abb.) |
| **3** | 1–6 | Hüftkreisen in die Gegenrichtung, Hände in die Hüften stützen |
| **4** | 1–6 | |
| **5** | 1–6 | Flankendehnung nach rechts, linken Arm über den Kopf führen |
| **6** | 1–5 | halten |
| | 6 | Oberkörper aufrichten, linke Hand in die Hüfte stützen |
| **7** | 1–6 | Wiederholung D5, gegengleich |
| **8** | 1–6 | Wiederholung D6, gegengleich |
| **9** | 1–5 | Wiederholung B9 |
| | 6 | Arme bleiben über dem Kopf gestreckt |

| Bridge 2 | | Beschreibung (01:53) |
|---|---|---|
| **1** | 1–3 | Pause |

| E-Teil | Zählzeiten | Beschreibung (01:56) |
|---|---|---|
| 1 | 1–6 | beide Arme schwingen seitlich am Körper von oben vorne nach unten hinten und wieder zurück (Parallelarmschwung) |
| 2 | 1–6 | |
| 3 | 1–3 | Arme nach hinten unten schwingen, dabei in die Knie gehen (Ganzkörperschwung) und Oberkörper tief |
| | 4–6 | zurück schwingen |
| 4 | 1–6 | Wiederholung E3 |
| 5 | 1–6 | Wiederholung E1 |
| 6 | 1–6 | Wiederholung E2 |
| 7 | 1–6 | Wiederholung E3 |
| 8 | 1–6 | Wiederholung E3 |
| 9 | 1–6 | Wiederholung B9 |

| Schluss | | Beschreibung (02:23) |
|---|---|---|
| 1 | 1–6 | jeder kehrt zu seinem Platz zurück und setzt sich wieder hin |

# Let's rock together

Track 4

## Musiklänge: 2:15 Min

## Tanzteile:

| Intro | A | A | A | B | C | D | A | A |
|---|---|---|---|---|---|---|---|---|
| 4x<br>1–8 | 6x<br>1–8<br>+4 | 6x<br>1–8<br>+4 | 6x<br>1–8 | 4x<br>1–8 | 4x<br>1–8 | 4x<br>1–8 | 6x<br>1–8<br>+4 | 5x<br>1–8 |

**Aufstellung:** Stühle in einen engen Stuhlkreis stellen, auf dem Stuhl sitzend

| Intro-Zählzeiten | | Beschreibung (00:00) |
|---|---|---|
| **1** | 1–8 | Pause |
| **2** | 1 | auf die eigenen Oberschenkel patschen |
| | 2 | in die eigenen Hände klatschen |
| | 3 | in Brusthöhe schnipsen |
| | 4 | Pause |
| | 5–8 | Wiederholung Intro 2, 1–4 |
| **3** | 1–8 | Wiederholung Intro 2 |
| **4** | 1–4 | Wiederholung Intro 2, 1–4 |
| | 5–8 | Pause |

| A-Teil Zählzeiten | | Beschreibung (00:12) |
|---|---|---|
| **1** | 1 | auf die eigenen Oberschenkel patschen |
| | 2 | rechte Hand auf den linken Oberschenkel des rechten Nachbarn patschen, gleichzeitig die linke Hand auf den eigenen rechten Oberschenkel patschen (s. Abb. nächste Seite) |
| | 3 | auf die eigenen Oberschenkel patschen |
| | 4 | linke Hand auf den rechten Oberschenkel des linken Nachbarn patschen, gleichzeitig die rechte Hand auf den eigenen linken Oberschenkel patschen |
| | 5–8 | Wiederholung A1, 1–4 |
| **2–5** | 1–8 | Wiederholung A1 |
| **6** | 1–4 | Wiederholung A1, 1–4 |
| | 5–6 | Aufstehen und Vierteldrehung nach rechts |
| | 7–8 | den Vordermann mit beiden Händen am Rücken nach vorne schieben, dabei einen Schritt nach vorne gehen |
| **+4** | 1–2 | Vierteldrehung nach links |
| | 3–4 | hinsetzen |

Wiederholung Teil A (00:30)
Wiederholung Teil A1–A5 (00:49)

A6 1–4 Wiederholung A1, 1–4
5, 6 aufstehen
7, 8 hinsetzen

| B-Teil | Zählzeiten | Beschreibung (01:05) |
|---|---|---|
| 1 | 1 | linken Arm über den Kopf in die Luft strecken |
| | 2 | linken Arm absenken |
| | 3 | rechten Arm über den Kopf in die Luft strecken |
| | 4 | rechten Arm absenken |
| | 5–8 | Wiederholung B1, 1–4 |
| 2 | 1–8 | Wiederholung B1 |
| 3 | 1 | Mit dem linken Fuß aufstehen, dabei den rechten Fuß in die Luft kicken und den linken Arm in die Luft strecken |
| | 2 | Rechten Fuß neben linken Fuß schließen, linken Arm absenken |
| | 3–4 | Wiederholung B3, 1–2, gegengleich |
| | 5–8 | Wiederholung B3, 1–4 |
| 4 | 1–8 | Wiederholung B3 |

| C-Teil | Zählzeiten | Beschreibung (01:17) |
|---|---|---|
| 1–4 | 1–8 | am Platz twisten (s. Abb.) |

| D-Teil | Zählzeiten | Beschreibung (01:28) |
|---|---|---|
| 1 | 1 | Sprung mit geschlossenen Beinen nach vorne |
| | 2–4 | Schultern im Wechsel heben und senken, dabei mit dem Popo wackeln |
| | 5 | Sprung mit geschlossenen Beinen nach hinten |
| | 6–8 | Wiederholung D1, 2–4 |
| 2–3 | je 1–8 | Wiederholung D1 |
| 4 | 1–5 | Wiederholung D1, 1–5 |
| | 6–7 | hinsetzen |
| | 8 | Pause |

Wiederholung Teil A (01:39)
Wiederholung Teil A1 – A5 (01:58)

# Brückengänger

Track 7

## Musiklänge: 2:47 Min

## Tanzteile:

| Intro | A | B | A | B | A | C | A | A | Schluss |
|---|---|---|---|---|---|---|---|---|---|
| 2 x<br>1–8 | 4 x<br>1–8 | 9 x<br>1–8 | 4 x<br>1–8 | 9 x<br>1–8 | 4 x<br>1–8 | 1 x<br>1–8 | 4 x<br>1–8 | 4 x<br>1–8 | 1 x<br>1–4 |

**Aufstellung:** Jeweils zwei Kinder bilden ein Paar, Einhandfassung. Alle Paare stellen sich hintereinander auf. Ein Kind steht alleine am Anfang der Kinderpaarreihe.

| Intro-Zählzeiten | Beschreibung (00:00) | |
|---|---|---|
| 1–2 | je 1–8 | Pause |

| A-Teil | Zählzeiten | Beschreibung (00:08) |
|---|---|---|
| 1–4 | je 1–8 | hintereinander durch den Raum gehen, am Ende stehen bleiben |

| B-Teil | Zählzeiten | Beschreibung (00:23) |
|---|---|---|
| 1–9 | je 1–8 | alle Kinderpaare drehen sich zueinander und bilden mit ihren Händen eine Brücke. Das erste Kind geht unter der Brücke hindurch und nimmt auf seinem Weg irgendein anderes Kind mit sich. Am Ende stellen sich beide als neues letztes Paar ans Ende der Brücke. Alle anderen Kinderpaare bis zu dem neuen einzelnen Kind gehen ebenfalls von vorne durch die Brücke.<br><br>Das jetzt alleine stehende Kind geht ebenfalls unter der Brück hindurch und nimmt seinerseits ein anderes Kind mit und so weiter. |

Wiederholung Teil A (00:56)
Wiederholung Teil B (01:11)
Wiederholung Teil A (01:44)

| C-Teil | Zählzeiten | Beschreibung (01:59) |
|---|---|---|
| 1 | 1 | alle Kinder gehen in die Hocke |
| | 2–7 | Pause |
| | 8 | aufstehen |

Wiederholung Teil A (02:03)
Wiederholung Teil A (02:18)
Schluss, am Ende in der Hocke sitzen bleiben (02:32)

# Tauchgang

Track 11

## Musiklänge: 2:42 Min

## Tanzteile:

| Intro | A | B | C | D | A* | E | F | G | H |
|---|---|---|---|---|---|---|---|---|---|
| 2x<br>1–8 | 4x<br>1–8 | 4x<br>1–8 | 4x<br>1–8 | 8x<br>1–8 | 4x<br>1–8 | 4x<br>1–8 | 8x<br>1–8 | 4x<br>1–8 | 2x<br>1–8 |

**Requisite:** Schwungtuch

**Vorbereitung:** das Schwungtuch auf dem Boden in der Raummitte ausbreiten
Kinder von 1–4 durchzählen

**Aufstellung:** Kinder stehen am Rand des Raumes

| Intro-Zählzeiten | | Beschreibung (00:00) |
|---|---|---|
| 1 und 2 | 1–8 | zum Schwungtuch gehen, Fersensitz, Tuchrand in beide Hände nehmen, die Kinder von 1–4 sitzen nebeneinander |

| A-Teil Zählzeiten | | Beschreibung (00:08) |
|---|---|---|
| 1 | 1–8 | Schwungtuch mit beiden Händen gleichzeitig in kleinen Bewegungen heben und senken |
| 2 | 1–8 | |
| 3 | 1–8 | Schwungtuch mit beiden Händen im Wechsel in kleinen Bewegungen heben und senken |
| 4 | 1–8 | |

| B-Teil Zählzeiten | | Beschreibung (00:22) |
|---|---|---|
| 1 | 1–8 | Schwungtuch mit beiden Händen im Kreis rechts herum weitergeben |
| 2 | 1–8 | |
| 3 | 1–8 | Richtungswechsel |
| 4 | 1–8 | |

| C-Teil Zählzeiten | | Beschreibung (00:37) |
|---|---|---|
| 1 | 1–4 | Schwungtuch mit beiden Händen über den Kopf heben |
| | 5–8 | Schwungtuch senken |
| 2 | 1–8 | Wiederholung C1 |
| 3 | 1–4 | Schwungtuch mit beiden Händen über den Kopf heben, alle 2er Kinder legen sich mit dem Kopf nach außen auf dem Rücken unter das Schwungtuch |
| | 5–8 | Schwungtuch senken |
| 4 | 1–4 | Schwungtuch mit beiden Händen über den Kopf heben, alle 4er Kinder legen sich mit dem Kopf nach außen auf dem Rücken unter das Schwungtuch |
| | 5–8 | Schwungtuch senken |

| D-Teil | Zählzeiten | Beschreibung (00:51) |
|---|---|---|
| 1 | 1–8 | Die Kinder unter dem Schwungtuch bewegen die Arme in der Luft, die äußeren Kinder sitzen unbeweglich in gerader Haltung und halten das Tuch auf den Knien (s. Abb.) |
| 2 | 1–8 | |
| 3 | 1–8 | |
| 4 | 1–8 | Die Kinder unter dem Schwungtuch bewegen die Arme und die Beine in der Luft* |
| 5 | 1–8 | |
| 6 | 1–8 | |
| 7 | 1–8 | Pause; Tipp: in der Musik sind 2 Trommelschläge als Signal zu hören |
| 8 | 1–8 | Die Kinder unter dem Schwungtuch kommen wieder heraus, alle Kinder stehen auf und halten das Schwungtuch mit beiden Händen am Rand |

* die äußeren Kinder sitzen unbeweglich in gerader Haltung und halten das Tuch auf den Knien

| A*-Teil | Zählzeiten | Beschreibung (01:19) |
|---|---|---|
| 1 | 1–8 | Wiederholung Teil A im Stehen |
| 2 | 1–8 | |
| 3 | 1–8 | |
| 4 | 1–8 | |

| E-Teil | Zählzeiten | Beschreibung (01:33) |
|---|---|---|
| 1 | 1–8 | im Kreis rechts herum gehen |
| 2 | 1–8 | |
| 3 | 1–8 | im Kreis links herum gehen |
| 4 | 1–8 | |

| F-Teil | Zählzeiten | Beschreibung (01:48) |
|---|---|---|
| 1 | 1–8 | Die Kinder schwingen das Tuch 4x in großen Bewegungen |
| 2 | 1–8 | |
| 3 | 1–8 | Die 1er Kinder tauschen die Plätze, in dem sie als Fische oder Wasserpflanzen unter dem Tuch hindurch gehen |
| 4 | 1–8 | |
| 5 | 1–8 | Wiederholung F3 und F4 der 3er Kinder |
| 6 | 1–8 | |
| 7 | 1–8 | Wiederholung F1 |
| 8 | 1–8 | |

| G-Teil | Zählzeiten | Beschreibung (02:16) |
|---|---|---|
| 1 | 1–8 | vorwärts in die Kreismitte gehen, dabei das Tuch in den Händen aufrollen |
| 2 | 1–8 | rückwärts aus der Mitte gehen, das Tuch wieder ausbreiten |
| 3 | 1–8 | Wiederholung G1 und G2 |
| 4 | 1–8 | |

| H-Teil | Zählzeiten | Beschreibung (02:30) |
|---|---|---|
| 1 | 1–8 | Schwungtuch in einer großen Bewegung auf und ab schwingen |
| 2 | 1–4 | Schwungtuch nach oben führen |
| | 5–8 | Schwungtuch hinter dem Rücken ganz nach unten führen, dabei in die Hocke gehen (Iglu) |

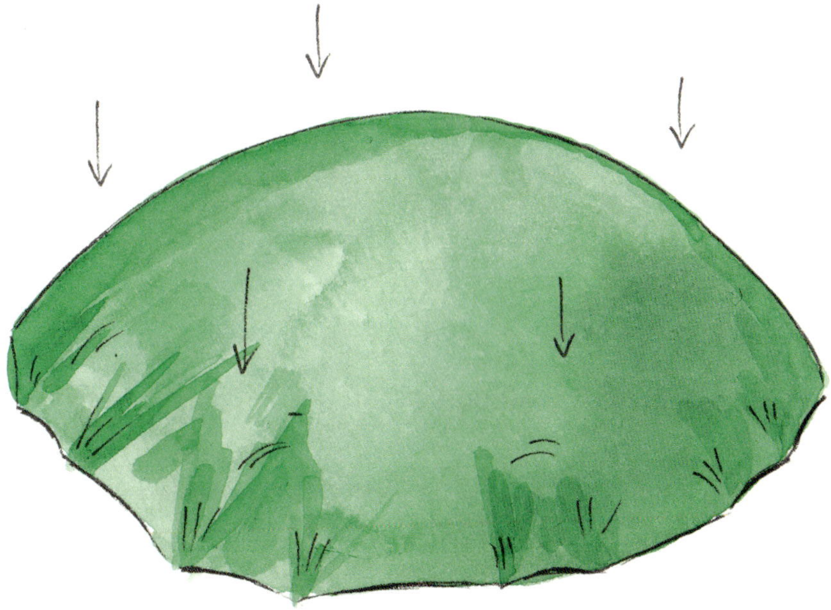

# Schlischla-schlangentanz

Track 12

## Musiklänge: 2:48 Min

## Tanzteile:

| A | B | C | D | A | B | B | C | E | B | F | Schluss |
|---|---|---|---|---|---|---|---|---|---|---|---|
| 4 x 1–8 | 4 x 1–8 | 4 x 1–8 | 4 x 1–8 | 4 x 1–8 | 4 x 1–8 | 4 x 1–8 | 4 x 1–8 | 4 x 1–8 | 4 x 1–8 | 4 x 1–8 | 1 x 1–6 |

**Vorbereitung:** die Kinder auf 1 und 2 durchzählen, die Kinder stehen abwechselnd

**Aufstellung:** Linie, gefasst, in einer Raumecke stehend

| A-Teil | Zählzeiten | Beschreibung (00:00) |
|---|---|---|
| 1 | 1–8 | |
| 2 | 1–8 | als Schlange durch den Raum gehen |
| 3 | 1–8 | |
| 4 | 1–8 | einen Kreis bilden, indem sich der Schlangenkopf und der Schlangenschwanz die Hände geben |

| B-Teil | Zählzeiten | Beschreibung (00:15) |
|---|---|---|
| 1 | 1 | die 1er Kinder wenden sich mit einer Vierteldrehung nach links, die 2er Kinder mit einer Vierteldrehung nach rechts. |
| | 2 | Pause |
| | 3 | die Kinder geben sich die rechten Hände und gehen einen Schritt vorwärts |
| | 4 | die Kinder gehen mit einem Vorwärtsschritt rechtsschultrig aneinander vorbei (s. Abb. links) |
| | 5 | jedes Kind geht mit einem Schritt auf das nächste Kind zu und gibt ihm die linke Hand. Gleichzeitig löst es seine rechte Hand (s. Abb. rechts) |
| | 6 | die Kinder gehen mit einem Vorwärtsschritt linksschultrig aneinander vorbei |
| | 7 | Wiederholung B1,3 |
| | 8 | Wiederholung B1,4 |
| 2 | 1–8 | |
| 3 | 1–8 | Wiederholung B1, 5–8 |
| 4 | 1–6 | |
| | 7–8 | in die Kreismitte gehen, alle geben sich die Hände |

| C-Teil | Zählzeiten | Beschreibung (00:30) |
|---|---|---|
| 1 | 1–8 | mit 8 Schritten in die Kreismitte gehen |
| 2 | 1–8 | mit 8 Schritten aus der Kreismitte heraus gehen |
| 3 | 1–8 | 2 Kinder bilden ein Tor. Die gegenüberliegenden Kinder gehen durch die Kreismitte und durch das Tor hindurch. Alle anderen Kinder folgen. Dann lösen die ersten beiden Kinder, die das Tor passiert haben, ihre Handfassung. Das linke Kind geht links herum, das rechte Kind geht rechts herum. Beide Kinder treffen sich wieder auf der Kreisbahn in ihrer Ausgangsstellung. Das Kinderpaar, welches das Tor bildet, dreht sich als Letztes durch das Tor durch (Handfassung nicht lösen) (s. Abb.) |
| 4 | 1–8 | |

| D-Teil | Zählzeiten | Beschreibung (00:45) |
|---|---|---|
| 1 | 1–8 | Kreis an **einer** Stelle öffnen, das linke Kind (Schlangenkopf) geht linksschultrig an dem rechten Kind (Schlangenschwanz) außen vorbei. Alle Kinder bilden Tore, indem sie die Arme nach oben nehmen. Der Schlangenkopf zieht mit allen Schlangenkindern im Slalom durch alle Tore (s. Abb.) |
| 2 | 1–8 | |
| 3 | 1–8 | |
| 4 | 1–8 | |

Wiederholung Teil A (01:00)
Wenn viele Kinder mittanzen, kann der Musikanfang von Teil A noch genutzt werden, um Teil D zu beenden.

Wiederholung Teil B (01:14)
Wiederholung Teil B (01:29)
Wiederholung Teil C (01:44)

| E-Teil | Zählzeiten | Beschreibung (01:59) |
|---|---|---|
| 1 | 1–8 | im Kreis rechts herum gehen |
| 2 | 1–8 | |
| 3 | 1–8 | im Kreis links herum gehen |
| 4 | 1–8 | |

Wiederholung Teil B (02:14)
Wenn viele Kinder mittanzen, kann der Musikanfang von Teil B noch genutzt werden, um Teil D zu beenden.

| F-Teil | Zählzeiten | Beschreibung (02:28) |
|---|---|---|
| 1 | 1–8 | |
| 2 | 1–8 | den Kreis an einer Stelle lösen. Das linke Kind ist der Schlangenkopf und dreht sich linksherum in die Schlange ein |
| 3 | 1–8 | |
| 4 | 1–8 | |

Bei weniger Kindern kann sich die Schlange auch wieder ausdrehen

| Schluss | | Beschreibung (02:43) |
|---|---|---|
| 1 | 1–6 | alle Hände lösen und in die Luft strecken |

# Country Line

Track 1

## Musiklänge: 5:03 Min

## Tanzteile:

| Intro | A | B | C | D | E | A | B | C | D |
|---|---|---|---|---|---|---|---|---|---|
| 2 x<br>1–8 | 8 x<br>1–8 | 4 x<br>1–8 | 8 x<br>1–8 | 8x<br>1–8 | 4x<br>1–8 | 8 x<br>1–8 | 4 x<br>1–8 | 8 x<br>1–8 | 8x<br>1–8 |

**Aufstellung:** 4 Linien im Quadrat (A, B, C, D)

| Intro-Zählzeiten | | Beschreibung (00:00) |
|---|---|---|
| 1 | 1–8<br>1–8 | Pause |

| A-Teil Zählzeiten | | Beschreibung (00:11) |
|---|---|---|
| 1 | 1–8 | Linie A geht mit 8 Schritten vorwärts auf Linie B zu |
| 2 | 1–8 | Linie A geht 8 Schritte rückwärts<br>Linie B geht 8 Schritte vorwärts |
| 3 | 1–8 | Linie B geht mit 8 Schritten rückwärts |
| 4 | 1–4 | Linien A und B gehen 4 Schritte aufeinander zu |
| | 5–8 | Linien A und B gehen 4 Schritte rückwärts |
| 5 | 1–8 | Linie C geht mit 8 Schritten vorwärts auf Linie D zu |
| 6 | 1–8 | Linie C geht 8 Schritte rückwärts<br>Linie D geht 8 Schritte vorwärts |
| 7 | 1–8 | Linie D geht mit 8 Schritten rückwärts |
| 8 | 1–4 | Linien C und D gehen 4 Schritte aufeinander zu |
| | 5–8 | Linien A und B gehen 4 Schritte rückwärts |

| B-Teil Zählzeiten | | Beschreibung (00:49) |
|---|---|---|
| 1 | 1–8 | die Kinder der einzelnen Linien geben sich die Hände und bilden jeweils einen Kreis, der sich in Tanzrichtung dreht (s. Abb. nächste Seite) |
| 2 | 1–8 | |
| 3 | 1–8 | |
| 4 | 1–8 | die Kinder gehen wieder in ihre Linie zurück (Ausgangsposition) |

| C-Teil | Zählzeiten | Beschreibung (01:08) |
|---|---|---|
| 1 | 1–6 | Linien A und B gehen mit 6 Schritten vorwärts aneinander vorbei auf den jeweils gegenüberliegenden Platz |
| | 7–8 | mit zwei Schritten eine halbe Drehung ausführen |
| 2 | 1–6 | Linien C und D gehen mit 6 Schritten vorwärts aneinander vorbei auf den jeweils gegenüberliegenden Platz |
| | 7–8 | mit zwei Schritten eine halbe Drehung ausführen |
| 3 | 1–8 | Wiederholung C1 |
| 4 | 1–8 | Wiederholung C2 |
| 5 | 1–2 | die rechte Hälfte jeder Linie wendet sich nach links die linke Hälfte jeder Linie wendet sich nach rechts (s. Abb. S. 49) |
| | 4–6 | 4 Schritte vorwärts und dabei aneinander vorbei gehen |
| | 7–8 | Viertel Drehung mit Blickrichtung in die Raummitte |

| | | |
|---|---|---|
| 6 | 1–2 | die rechte Hälfte jeder Linie wendet sich nach links<br>die linke Hälfte jeder Linie wendet sich nach rechts |
| | 4–6 | 4 Schritte vorwärts und dabei aneinander vorbei gehen |
| | 7–8 | Viertel Drehung mit Blickrichtung in die Raummitte |
| 7 | 1–2 | Kinder der Linie A gehen in die Hocke |
| | 3–4 | Kinder der Linie B gehen in die Hocke |
| | 5–6 | Kinder der Linie C gehen in die Hocke |
| | 7–8 | Kinder der Linie D gehen in die Hocke |
| 8 | 1–2 | Kinder der Linie A stehen wieder auf |
| | 3–4 | Kinder der Linie B stehen wieder auf |
| | 5–6 | Kinder der Linie C stehen wieder auf |
| | 7–8 | Kinder der Linie D stehen wieder auf |

| D-Teil | Zählzeiten | Beschreibung (01:47) |
|---|---|---|
| 1 | 1–8 | |
| 2 | 1–8 | alle Kinder geben sich die Hände und bilden einen großen Kreis, der sich in Tanzrichtung dreht |
| 3 | 1–8 | |
| 4 | 1–8 | |
| 5 | 1–8 | |
| 6 | 1–8 | Richtungswechsel |
| 7 | 1–8 | |
| 8 | 1–8 | |

| E-Teil | Zählzeiten | Beschreibung (02:25) |
|---|---|---|
| 1 | 1–8 | |
| 2 | 1–8 | freies Drehen und Tanzen durch den Raum |
| 3 | 1–8 | |
| 4 | 1–8 | jeder kehrt auf seine Ausgangsposition zurück |

Wiederholung Teil A (02:44)
Wiederholung Teil B (03:23)
Wiederholung Teil C (03:41)
Wiederholung Teil D (04:20)

# Hallo und Guten Tag

Track 2

## Musiklänge: 2:47 Min

## Tanzteile:

| Intro | A | A | A | B | B | A | A | A | B | B | A |
|---|---|---|---|---|---|---|---|---|---|---|---|
| 1x<br>1–4 | 4x<br>1–8 | 4x<br>1–8 | 4x<br>1–8 | 3x<br>1–8 | 3x<br>1–8 | 4x<br>1–8 | 4x<br>1–8 | 4x<br>1–8 | 3x<br>1–8 | 3x<br>1–8 | 4x<br>1–8 |

**Aufstellung:** paarweise nebeneinander, Innenhandfassung, alle Paare stehen hintereinander im Kreis

| Intro-Zählzeiten | | Beschreibung (00:00) |
|---|---|---|
| **1** | 1–4 | Pause |

| A-Teil | Zählzeiten | Beschreibung (00:02) |
| --- | --- | --- |
| 1 | 1–7 | 7 Schritte vorwärts gehen |
| | 8 | zueinander drehen, Hände lösen |
| 2 | 1–4 | 4 Schritte rückwärts gehen |
| | 5 | einen Schritt nach rechts gehen, dabei linken Arm diagonal nach links oben strecken (s. Abb.) |
| | 6 | linken Fuß ranziehen, Arm senken (s. Abb.) |
| | 7–8 | gegengleich |
| 3 | 1–4 | 4 Schritte vorwärts gehen |
| | 5–8 | Handinnenflächen und Unterarme aneinander legen und 1x im Kreis gehen |
| 4 | 1–4 | |
| | 5–8 | die Kinder im Innenkreis bleiben stehen. Die äußeren Kinder gehen auf der Kreisbahn in Tanzrichtung zum nächsten Partner. Einhandfassung. |

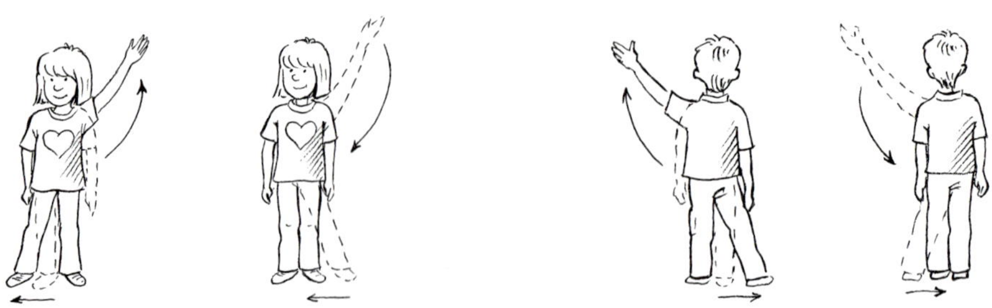

Wiederholung Teil A (00:18)
Wiederholung Teil A (00:34)

| B-Teil | Zählzeiten | Beschreibung (00:50) |
|---|---|---|
| 1 | 1 | äußere Füße tippen nach vorne |
| | 2 | äußere Füße tippen nach hinten |
| | 3–6 | Wiederholung B1,1–2 |
| | 7 | Schritt mit dem äußeren Fuß nach vorne, gleichzeitig zueinander drehen |
| | 8 | die zweiten Füße schließen, Beidhandfassung |
| 2 | 1 | Innenstirnkreis tippt mit dem linken Fuß nach hinten Außenstirnkreis tippt mit dem rechten Fuß nach vorne |
| | 2 | Innenstirnkreis tippt mit dem linken Fuß nach vorne Außenstirnkreis tippt mit dem rechten Fuß nach hinten |
| | 3 | Wiederholung B2,1 |
| | 4 | Füße schließen |
| | 5–8 | Wiederholung B2,1–4 gegengleich |
| 3 | 1–4 | Innenstirnkinder gehen langsam in schlängelnden Bewegungen in die Hocke |
| | 5–7 | Außenstirnkinder gehen langsam in schlängelnden Bewegungen in die Hocke |
| | 8 | aufstehen, Blickrichtung in Tanzrichtung, Innenhandfassung |

Wiederholung Teil B (01:02)
Wiederholung Teil A (01:14)
Wiederholung Teil A (01:30)
Wiederholung Teil A (01:46)
Wiederholung Teil B (02:02)
Wiederholung Teil B (02:14)
Wiederholung Teil A (02:26)

# Spaziergang

Track 3

## Musiklänge: 4:48 Min

## Tanzteile:

| A | B | C | D | E | F | G | H | I | J | K | L | M | N | J |
|---|---|---|---|---|---|---|---|---|---|---|---|---|---|---|
| 4x<br>1–8 | 4x<br>1–8 | 4x<br>1–8 | 4x<br>1–8 | 4x<br>1–8 | 4x<br>1–8 | 4x<br>1–8 | 4x<br>1–8 | 4x<br>1–8 | 4x<br>1–8 | 4x<br>1–8 | 4x<br>1–8 | 4x<br>1–8 | 4x<br>1–8 | 4x<br>1–8 |

| G | H | O | P | Schluss |
|---|---|---|---|---|
| 4x<br>1–8 | 4x<br>1–8 | 4x<br>1–8 | 4x<br>1–8 | 1–2 |

**Aufstellung:** Die Kinder stehen verteilt im Raum, die Beine sind geschlossen

| A-Teil | Zählzeiten | Beschreibung (00:00) |
|---|---|---|
| 1–4 | je 1–8 | vorwärts gehen |

| B-Teil | Zählzeiten | Beschreibung (00:16) |
|---|---|---|
| 1–4 | je 1–8 | rückwärts gehen |

| C-Teil | Zählzeiten | Beschreibung (00:30) |
|---|---|---|
| 1–4 | je 1–8 | seitwärts gehen |

| D-Teil | Zählzeiten | Beschreibung (00:45) |
|---|---|---|
| 1 | 1–4 | 4 Schritte vorwärts gehen |
| | 5 | Sprung in die Grätsche |
| | 6 | Sprung Beine schließen |
| | 7 | Sprung in die Grätsche |
| | 8 | Sprung Beine schließen |
| 2–4 | je 1–8 | Wiederholung D1 |

| E-Teil | Zählzeiten | Beschreibung (01:00) |
|---|---|---|
| 1–4 | je 1–8 | vorwärts gehen und sich gleichzeitig abklatschen, bei Signal des Lehrers (ca. 4 Zählzeiten vor Ende diesen Teils) sich paarweise finden und stehen bleiben |

| F-Teil | Zählzeiten | Beschreibung (01:15) |
|---|---|---|
| 1–4 | je 1–8 | paarweise durch den Raum gehen, Innenhandfassung |

| G-Teil | Zählzeiten | Beschreibung (01:29) |
|---|---|---|
| 1 | 1–4 | 4 Schritte vorwärts gehen, Innenhandfassung |
| | 5–8 | Hände lösen und gleichzeitig sich mit 4 Schritten um die eigene Achse drehen(vom Partner weg drehen) |
| 2–4 | je 1–8 | Wiederholung G1 |

| H-Teil | Zählzeiten | Beschreibung (01:44) |
|---|---|---|
| 1 | 1–4 | 4 Schritte vorwärts gehen, Innenhandfassung |
| | 5–8 | die inneren Hände nach oben führen, zu einem Tor, das erste Kind dreht sich durch dieses Tor durch, das andere Kind bleibt am Platz stehen |
| 2 | 1–4 | Wiederholung H1, 1–4 |
| | 5–8 | die inneren Hände nach oben führen, zu einem Tor, das zweite Kind dreht sich durch dieses Tor durch, das andere Kind bleibt am Platz stehen |
| 3–4 | je 1–8 | Wiederholung H1 und H2 |

| I-Teil | Zählzeiten | Beschreibung (01:59) |
|---|---|---|
| 1 | 1–4 | 4 Schritte vorwärts gehen, Innenhandfassung |
| | 5–8 | die inneren Hände nach oben führen, zu einem Tor, beide Kinder gehen durch das Tor |
| 2–4 | je 1–8 | Wiederholung I1 |

| J-Teil | Zählzeiten | Beschreibung (02:13) |
|---|---|---|
| 4 x 1–8 | | einzeln „cool" durch den Raum gehen |

| K-Teil | Zählzeiten | Beschreibung (02:28) |
|---|---|---|
| **1** | 1–3 | 3 Schritte vorwärts gehen, rechter Fuß beginnt |
| | 4 | linker Fuß schließt neben dem rechten Fuß, rechten Arm in Schulterhöhe zur Seite strecken, linken Arm in Brusthöhe anwinkeln |
| | 5–8 | mit 4 Sprüngen um die eigene Achse drehen, rechten Arm in Brusthöhe anwinkeln, beide Fäuste zeigen gegeneinander (s. Abb.) |
| **2–4** | je 1–8 | Wiederholung K1 |

| L-Teil | Zählzeiten | Beschreibung (02:43) |
|---|---|---|
| **1** | 1–3 | 3 Schritte vorwärts gehen, rechter Fuß beginnt |
| | 4 | in die Hocke springen, Hände auf den Boden |
| | 5 | in die Grätsche springen, Hände auf den Boden |
| | 6 | Pause |
| | 7 | in die Hocke springen, Füße schließen |
| | 8 | in den Stand springen |
| **2–4** | je 1–8 | Wiederholung L1 |

| M-Teil | Zählzeiten | Beschreibung (02:58) |
|---|---|---|
| 1 | und | hoch springen, auf dem linken Bein landen, rechtes Bein anwinkeln |
| | 1 | hoch springen, auf beiden Füssen landen, linkes Bein steht hinten, rechtes Bein steht vorne |
| | und | hoch springen, auf dem rechten Bein landen, linkes Bein anwinkeln |
| | 2 | hoch springen, auf beiden Füssen landen, rechtes Bein steht hinten, linkes Bein steht vorne |
| | und 3 – und 8 | Wiederholung M, und 1–2 |
| 2–4 | je 1–8 | Wiederholung M1 |

| N-Teil | Zählzeiten | Beschreibung (03:13) |
|---|---|---|
| 1 | 1–8 | 8 Schritte am Platz gehen |
| 2 | 1–8 | die Arme in Augenhöhe anwinkeln, und im Wechsel nach oben strecken und wieder beugen |
| 3–4 | je 1–8 | Wiederholung N1 und N2 |

Wiederholung Teil J, am Ende paarweise stehen (03:27)
Wiederholung Teil G (03:42)
Wiederholung Teil H, am Ende Hände lösen und etwas auseinander gehen (03:57)

| O-Teil | Zählzeiten | Beschreibung (04:12) |
|---|---|---|
| 1 | 1 | rechten Arm nach oben über den Kopf strecken |
| | 2–4 | halten |
| | 5–8 | im Halbkreis den Arm über die Seite nach unten führen |
| 2 | 1–8 | Wiederholung gegengleich |
| 3–4 | je 1–8 | Wiederholung O1 und O2 |

| P-Teil | Zählzeiten | Beschreibung (04:26) |
|---|---|---|
| 1 | 1 | beide Arme über den Kopf strecken |
| | 2–4 | halten |
| | 5–8 | Arme gestreckt über die Seite nach unten führen, Sonnenbewegung |
| 2 | 1–8 | Wiederholung Q1 |
| 3 | 1–8 | Wiederholung Q1 im Kniestand |
| 4 | 1–8 | Wiederholung Q1 im Fersensitz |

| Schluss- | Zählzeiten | Beschreibung (04:40) |
|---|---|---|
| 1 | 1–2 | Kopf auf die Knie legen, Oberkörper tief |

# Hier sind wir

Track 9

## Musiklänge: 3:09 Min

## Tanzteile:

| Intro | A | B | C | Bridge | D | C | E | D* | D* | C | D |
|---|---|---|---|---|---|---|---|---|---|---|---|
| 6x<br>1–8 | 4x<br>1–8 | 2x<br>1–8 | 4x<br>1–8 | 1x<br>1–4 | 4x<br>1–8 | 4x<br>1–8 | 2x<br>1–8 | 4x<br>1–8 | 4x<br>1–8 | 4x<br>1–8 | 4x<br>1–8 |

**Vorbereitung:** Die Kinder werden auf 1 und 2 durchgezählt

**Aufstellung:** frei im Raum

| Intro-Zählzeiten | | Beschreibung (00:00) |
|---|---|---|
| 1–2 | je 1–8 | Pause |
| 3–4 | je 1–8 | durch den Raum gehen und sich gegenseitig abklatschen |
| 5–6 | je 1–8 | jedes Kind geht auf seinen Platz in der jeweiligen Ecke (Kinder 1 stehen in der rechten Ecke, Kinder 2 stehen in der linken Ecke) und stellen sich hintereinander in einer Reihe auf. Füße sind geschlossen, Hände eingestützt. |

| A-Teil Zählzeiten | | Beschreibung (00:27) |
|---|---|---|
| 1–4 | je 1–8 | die Kinder gehen im Reißverschlussverfahren durcheinander diagonal in die jeweilige gegenüberliegende Ecke. Von dort aus geht jedes Kind an der Seite nach hinten bis jeweils das erste Kind (1er Kinder) in der jeweilig anderen Ecke endet. Alle Kinder stehen nun hintereinander in einer Reihe. (s. Abb.) |

| B-Teil | Zählzeiten | Beschreibung (00:44) |
|---|---|---|
| 1 | 1–8 | die 1er Kinder machen eine ¼ Wendung zur Raummitte und führen ihre jeweilige Reihe geradeaus aneinander vorbei, so dass 2 Linien hintereinander stehen. Alle Kinder drehen sich nach vorne zum Publikum. (s. Abb. links) |
| 2 | 1–8 | Linie 1: jedes 2. Kind geht einen großen Schritt vorwärts. Linie 2: jedes 2. Kind geht einen großen Schritt rückwärts. Nun gibt es 4 Linien (Blockaufstellung). (s. Abb.) |

| C-Teil | Zählzeiten | Beschreibung (00:53) |
|---|---|---|
| 1 | 1–3 | 3 Schritte vorwärts gehen, mit dem rechten Fuß beginnen |
| | 4 | linken Fuß neben dem rechten Fuß schließen. Dabei einmal in die Hände klatschen |
| | 5–7 | 3 Schritte rückwärts gehen, mit dem rechten Fuß beginnen |
| | +8 | linken Fuß neben dem rechten Fuß schließen, dabei 2x in die Hände klatschen |
| 2 | 1 | ¼ Drehung nach rechts, dabei mit dem rechten Fuß einen Schritt in die neue Richtung ausführen (s. Abb.) |
| | 2–3 | 2 Schritte vorwärts gehen |
| | 4–8 | Wiederholung C1, 4–8 |
| 3–4 | je 1–8 | Wiederholung C1 und C2 |

| Bridge | | Beschreibung (01:10) |
|---|---|---|
| 1 | 1–4 | einen Sprung mit geschlossenen Füssen, dabei eine ¼ Drehung ausführen, so dass alle Kinder nach vorne zum Publikum schauen. |

| D-Teil | Zählzeiten | Beschreibung (01:13) |
|---|---|---|
| 1 | 1–2 | in die Hocke springen, Handinnenflächen vor dem Körper auf den Boden aufsetzen |
| | 3–4 | die Beine in die Grätsche öffnen, Hände bleiben auf dem Boden |
| | 5–6 | in die Hocke zurück springen, Hände bleiben auf dem Boden |
| | 7–8 | in den Fersensitz gehen, Hände auf die Oberschenkel legen |
| 2 | 1 | mit dem rechten Arm diagonal in Brusthöhe nach vorne boxen, Faust |
| | 2 | mit dem linken Arm gekreuzt diagonal in Brusthöhe nach vorne boxen, Faust |
| | 3 | beide Arme in dieser gekreuzten Haltung über den Kopf führen |
| | 4 | Arme über die Gelenke nach unten neben den Körper nehmen |
| | 5–6 | über die rechte Gesäßhälfte zum Sitzen rollen (der Rücken zeigt zum Publikum) |
| | 7–8 | über die linke Gesäßhälfte weiterrollen wieder in den Fersensitz, Körperfront zum Publikum |
| 3 | 1–8 | Wiederholung D2, gegengleich |
| 4 | 1–2 | in die Hocke springen, Hände auf den Boden aufsetzen |
| | 3–4 | die Beine in die Grätsche öffnen, Hände bleiben auf dem Boden |
| | 5–6 | in die Hocke springen, Hände bleiben auf dem Boden |
| | 7–8 | aufstehen, Arme sind lang neben dem Körper |

Wiederholung Teil C (01:30)

| E-Teil | Zählzeiten | Beschreibung (01:47) |
|---|---|---|
| 1 | 1 | Schritt zur Seite mit dem rechten Fuß, dabei die rechte Hand an die linke Schulter führen |
| | 2 | linker Fuß kreuzt hinter dem rechten Fuß, dabei die rechte Hand an die rechte Schulter führen |
| | 3 | Schritt mit rechts zur Seite, dabei rechten Arm zur rechten Seite ausstrecken |
| | 4 | linken Fuß neben den rechten Fuß schließen, rechten Arm neben den Körper führen |
| | 5–8 | Wiederholung E1, 1–4 gegengleich |
| 2 | 1–2 | rechten Fuß gekreuzt über den linken Fuß stellen, beide Unterarme waagerecht in Brusthöhe anwinkeln, Fäuste bilden (s. Abb.) |
| | 3,4 | auf beiden Füßen über links bis nach vorn zum Publikum drehen, Arme bleiben in ihrer Position |
| | 5 + 6 | 3 mal in die Hände klatschen, Füße bleiben geschlossen |
| | 7 + 8 | 3 mal in die Hände klatschen, Füße bleiben geschlossen |

| D*-Teil | Zählzeiten | Beschreibung (01:56) |
|---|---|---|
| 1 | 1–8 | Wiederholung D1 |
|  | 1–4 | Wiederholung D2, 1–4 |
| 2 | 5–8 | die jeweils rechten Hälften der Linien rollen über die rechte Gesäßhälfte zum Sitzen und die jeweils linken Hälften der Linien beginnen mit der Gesäßrolle nach links. Bei dem Aufstehen drehen sich die Hälften zueinander, so dass die Kinder sich anschauen. (s. Abb.) |
| 3–4 | je 1–8 | Wiederholung D3 und D4 |

| D*-Teil | Zählzeiten | Beschreibung (02:14) |
|---|---|---|
| 1 | 1–8 | Wiederholung D1 |
|  | 1–4 | Wiederholung D2, 1–4 |
| 2 | 5–8 | die jeweils rechten Hälften der Linien rollen über die rechte Gesäßhälfte zum Sitzen und die jeweils linken Hälften der Linien beginnen mit der Gesäßrolle nach links. Bei dem Aufstehen drehen sich die Hälften zueinander, so dass die Kinder sich anschauen. |
| 3–4 | je 1–8 | Wiederholung D3 und D4 |

Wiederholung Teil C (02:31)
Wiederholung Teil D (02:49)

# Schneeflocken

## Musiklänge: 2:47 Min

## Tanzteile:

| A | B | C | D | E | F | G |
|---|---|---|---|---|---|---|
| 4x<br>1–8 | 4x<br>1–8<br>+4 | 4x<br>1–8<br>+4 | 4x<br>1–8<br>+4 | 4x<br>1–8 | 4x<br>1–8 | 4x<br>1–8<br>+8 |

**Aufstellung:** frei im Raum

| A-Teil | Zählzeiten | Beschreibung (00:00) |
|---|---|---|
| **1–4** | je 1–8 | freies Tanzen und Drehen im Raum |

| B-Teil | Zählzeiten | Beschreibung (00:22) |
|---|---|---|
| 1 | 1–4 | vier Schritte vorwärts gehen, dabei beide Arme mit Schwung von hinten unten nach oben vorne mitnehmen |
| | 5–8 | vier Schritte rückwärts gehen, dabei beide Arme von oben vorne nach unten hinten mitnehmen |
| 2 | 1–6 | mit dem Po auf dem Boden 1x um die eigene Achse drehen |
| | 7–8 | Aufstehen |
| 3–4 | je 1–8 | Wiederholung B1 und B2 |
| +4 | 1–4 | Partner suchen und gegenüber aufstellen |

| C-Teil | Zählzeiten | Beschreibung (00:46) |
|---|---|---|
| 1 | 1–3 | Ausfallschritt nach rechts, dabei den rechten Arm über oben und die rechte Seite nach unten führen (s. Abb.) |
| | 4 | rechter Fuß schließt neben dem linken Fuß (s. Abb.) |
| | 5–8 | Wiederholung C1, 1–4, gegengleich |
| 2 | 1–4 | Beide Kinder legen ihre Handinnenflächen in Brusthöhe gegeneinander und führen sie gerade nach oben und über die Seiten in einem Halbkreis wieder nach unten |
| | 5–8 | Wiederholung C2, 1–4 |
| 3–4 | je 1–8 | Wiederholung C1 und C2 |
| +4 | 1–4 | sich voneinander verabschieden |

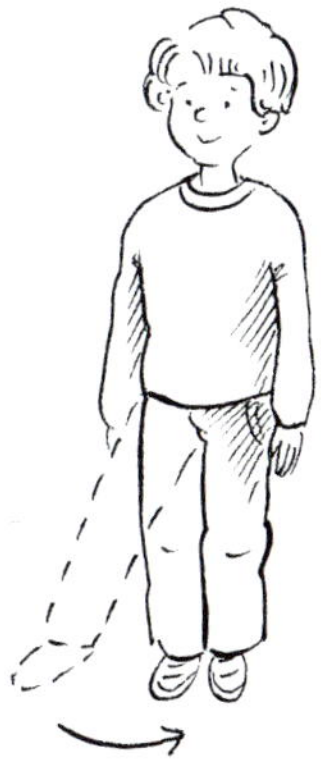

| D-Teil | Zählzeiten | Beschreibung (01:07) |
|---|---|---|
| **1–2** | je 1–8 | die Kinder gehen in 4er oder 5er Gruppen zusammen und legen ihre rechten Hände aufeinander. Ihre linken Arme zeigen gestreckt diagonal nach links oben. Gemeinsam gehen sie im Kreis (s. Abb.) |
| **3–4** | je 1–8 | Richtungswechsel |
| **+4** | 1–4 | die Kinder reichen sich die Hände und bilden einen Kreis |

| E-Teil | Zählzeiten | Beschreibung (01:31) |
|---|---|---|
| **1** | 1–4 | vier Schritte vorwärts gehen, dabei die Arme von hinten unten nach oben vorne mitnehmen |
| | 5–8 | vier Schritte rückwärts gehen, dabei beide Arme von oben vorne nach unten hinten mitnehmen |
| **2** | 1–8 | im Kreis rechts herum gehen |
| **3** | 1–8 | Wiederholung E1 |
| **4** | 1–8 | im Kreis links herum gehen |

| F-Teil | Zählzeiten | Beschreibung (01:54) |
|---|---|---|
| **1–3** | je 1–8 | Wiederholung Teil A1–3 |
| **4** | 1–8 | Alle Kinder bilden einen großen Kreis, Hände gefasst |

| G-Teil | Zählzeiten | Beschreibung (02:14) |
|---|---|---|
| **1** | 1–8 | in 8 Schritten gemeinsam in die Kreismitte gehen |
| **2** | 1–8 | mit 8 Schritten wieder rückwärts aus dem Kreis heraus gehen |
| **3** | 1–8 | Wiederholung G1, 1–8 |
| **4** | 1–8 | Hände lösen, jedes Kind dreht sich um die eigene Achse und geht dabei aus dem Kreis heraus |
| **5** | 1–8 | Wiederholung A1, 1-8 |
| **+1–8** | 1–8 | Wiederholung A1, 1-8 |

# Kids Rock

Track 4

## Musiklänge: 2:15 Min

## Tanzteile:

| Intro | A | B | A | C | D | A | B |
|---|---|---|---|---|---|---|---|
| 4x<br>1–8 | 6x<br>1–8<br>+4 | 6x<br>1–8<br>+4 | 6x<br>1–8 | 4x<br>1–8 | 8x<br>1–8 | 6x<br>1–8<br>+4 | 5x<br>1–8 |

**Aufstellung:** im Off, außerhalb des Bühnenbereiches, nicht sichtbar

| Intro-Zählzeiten | | Beschreibung (00:00) |
|---|---|---|
| 1–4 | je 1–8 | Alle Kinder kommen herein gelaufen und stellen sich in Blockaufstellung auf |

| A-Teil | Zählzeiten | Beschreibung (00:12) |
|---|---|---|
| 1 | 1–8 | 4 Schritte vorwärts gehen, rechts beginnend, dabei die Arme von rechts nach links schwingen. Am höchsten Punkt schnipsen |
| 2 | 1–8 | mit 8 kleinen Schritten rückwärts gehen, dabei Oberkörper nach vorne neigen. Bei jedem Schritt schnipsen |
| 3–6 | je 1–8 | Wiederholung A1 und A2 |
| +4 | 1–4 | Pause |

| B-Teil | Zählzeiten | Beschreibung (00:30) |
|---|---|---|
| 1 | 1 | rechter Fuß kickt nach vorne, linker Arm wird in die Luft gestreckt |
| | 2 | rechten Fuß neben linken Fuß schließen, linken Arm absenken |
| | 3 | linker Fuß kickt nach vorne, rechter Arm wird in die Luft gestreckt |
| | 4 | linken Fuß neben rechten Fuß schließen, rechten Arm absenken |
| | 5–8 | Wiederholung A1, 1–4 |
| 2–6 | je 1–8 | Wiederholung A1 |
| +4 | 1–4 | Pause |

Wiederholung Teil A (00:49)

| C-Teil | Zählzeiten | Beschreibung (01:05) |
|---|---|---|
| 1 | 1–2 | mit dem rechten Fuß einen Schritt zur Seite |
| | 3–4 | linker Fuß kreuzt hinter dem rechten Fuß |
| | 5–6 | mit dem rechten Fuß einen Schritt zur Seite |
| | 7–8 | linker Fuß tippt neben dem rechten Fuß auf |
| 2 | 1–8 | Wiederholung C1, gegengleich |
| 3–4 | je 1–8 | Wiederholung C1 und C2 |

| D-Teil | Zählzeiten | Beschreibung (01:17) |
|---|---|---|
| **1** | 1 | rechter Fuß tippt zur rechten Seite |
| | 2 | Pause |
| | 3 | rechter Fuß tippt gekreuzt neben dem linken Fuß |
| | 4 | Pause |
| | 5 | rechter Fuß tippt zur rechten Seite |
| | 6 | Pause |
| | 7 | rechter Fuß tippt neben dem linken Fuß auf |
| | 8 | Pause |
| **2** | 1–6 | mit 3 Schritten eine ganze Seitwärtsdrehung nach rechts |
| | 7 | linker Fuß tippt neben dem rechten Fuß auf |
| | 8 | 1x in die Hände klatschen |
| **3** | 1–8 | Wiederholung D1, gegengleich |
| **4** | 1–8 | Wiederholung D2, gegengleich |
| **5–8** | je 1–8 | Wiederholung D1–D4 |

Wiederholung Teil A1–A6 (01:39)
Wiederholung Teil B1–B4 1–8 Bildung eines Schlussbildes (01:58)

# Tanzende Tücher

## Musiklänge: 2:31 Min

## Tanzteile:

| Intro | A | B | A | C | A* |
|---|---|---|---|---|---|
| 1x<br>1–6 | 9x<br>1–6 | 10x<br>1–6 | 9x<br>1–6 | 9x<br>1–6<br>+1–3 | 10x<br>1–6 |

**Requisite:** Tücher (eins pro Kind)

**Aufstellung:** 2 Linien, die Kinder der 2. Linie (B) stehen immer in einer Lücke der Kinder der 1. Linie (A).
Die Füße sind geschlossen, die Tücher werden in der rechten Hand in der Tuchmitte gehalten.
Der rechte Arm ist neben dem Körper lang nach unten gestreckt, die linke Hand ist eingestützt.

| Intro-Zählzeiten | | Beschreibung (00:00) |
|---|---|---|
| 1 | 1–6 | Pause |

| A-Teil | Zählzeiten | Beschreibung (00:03) |
|---|---|---|
| 1 | 1–3 | mit dem rechten Fuß einen Schritt vorwärts, das Tuch wird von unten in einem Halbkreis nach oben auf Augenhöhe geführt |
| | 4–6 | das Gewicht zurück verlagern und den rechten Fuß wieder neben den linken Fuß stellen, das Tuch auf gleichem Weg zurück zur Ausgangsposition führen |
| 2 | 1–6 | 1x links herum mit kleinen Schritten auf dem Zehenballen um die eigene Achse drehen, den rechten Arm über den Kopf führen und eine Kreisbewegung über dem Kopf ausführen |
| 3 | 1–3 | Ausfallschritt nach rechts, den rechten Arm von oben über vorn nach unten und mit zur rechten Seite führen, so dass der rechte Arm zur Seite ausgestreckt endet (s. Abb.) |
| | 4–6 | Gewichtsverlagerung auf das linke Bein, das Tuch in einem kleinen Bogen über unten nach links mitschwingen lassen |
| 4 | 1–3 | Gewichtsverlagerung auf das rechte Bein, das Tuch in einem kleinen Bogen über unten nach rechts mitschwingen lassen |
| | 4–6 | Gewichtsverlagerung auf das linke Bein, rechten Fuß neben dem linken Fuß schließen, rechten Arm neben den Körper führen |
| 5–8 | je 1–6 | Wiederholung A1–A4 |
| 9 | 1–6 | die Tücher ausbreiten und rechts und links an den Ecken halten; Linie A hält die Tücher unten Richtung Boden, Linie B hält die Tücher über den Kopf |

| B-Teil | Zählzeiten | Beschreibung (00:30) |
|---|---|---|
| 1 | 1–6 | Linie A geht mit kleinen Schritten rückwärts, die Tücher werden Richtung Boden gehalten, der Oberkörper ist etwas nach vorn gebeugt; Linie B kommt durch die Lücken mit kleinen Schritten auf dem Zehenballen vorwärts, die Tücher werden über dem Kopf nach hinten wie eine wehende Fahne gehalten (s. Abb. links) |
| 2 | 1–6 | die Tücher der Linie A werden in einem kleinen Halbkreis über links über den Kopf geführt; die Tücher der Linie B werden über vorne nach unten Richtung Boden geführt (s. Abb. rechts) |
| 3 | 1–6 | Wechsel: Linie B geht mit kleinen Schritten rückwärts, die Tücher werden Richtung Boden gehalten, der Oberkörper ist etwas nach vorn gebeugt; Linie A kommt durch die Lücken mit kleinen Schritten auf dem Zehenballen vorwärts, die Tücher werden über dem Kopf nach hinten wie eine wehende Fahne gehalten |
| 4 | 1–6 | die Tücher der Linie B werden in einem kleinen Halbkreis über links über den Kopf geführt, die Tücher der Linie A über vorne nach unten Richtung Boden |
| 5–8 | je 1–6. | Wiederholung B1–B4 |
| 9–10 | je 1–6 | die Tücher werden in ihrer Mitte gehalten, die Ausgangsposition wird eingenommen |

Wiederholung Teil A (01:00)

| C-Teil | Zählzeiten | Beschreibung (01:27) |
|---|---|---|
| **1–8** | je x 1–6 | die Tücher insgesamt 8 x in die Luft werfen und wieder auffangen |
| **9** | 1–6 | die Tücher werden in ihrer Mitte gehalten, die Ausgangsposition wird eingenommen |
| **+** | 1–3 | Pause |

| A*-Teil | Zählzeiten | Beschreibung (01:56) |
|---|---|---|
| **1–8** | je x 1–6 | Wiederholung Teil A1–A8 |
| **9–10** | je x 1–6 | Bildung eines Schlussbildes |

# Boys and Girls

Track 10

## Musiklänge: 2:16 Min

## Tanzteile:

| Intro | A | B | C | D | A | E | Schluss |
|---|---|---|---|---|---|---|---|
| 1x<br>1–4 | 4 x<br>1–8 | 4 x<br>1–8 | 8 x<br>1–8 | 8 x<br>1–8 | 4 x<br>1–8 | 8 x<br>1–8 | 1x<br>1–8 |

**Aufstellung:** alle Mädchen stehen im Kreis, Hände gefasst
Alle Jungen stehen in den vier Raumecken verteilt

| Intro-Zählzeiten | | Beschreibung (00:00) |
|---|---|---|
| **1** | 1–4 | Pause |

| A-Teil | Zählzeiten | Beschreibung (00:02) |
|---|---|---|
| 1–2 | je 1–8 | Mädchen: im Kreis rechts herum gehen |
| 3 | 1–8 | Mädchen: im Kreis links herum gehen |
| 4 | 1–8 | Mädchen: im Kreis links herum gehen<br>Jungen: nähern sich mit coolen Schritten |

| B-Teil | Zählzeiten | Beschreibung (00:16) |
|---|---|---|
| 1 | 1 | Die Jungen springen einen Schritt nach vorne, dabei „sprengen“ sie den Mädchenkreis |
| | 2–8 | die Mädchen ziehen sich in eine hintere Raumecke zurück und tuscheln<br>die Jungen stellen sich in Blockaufstellung auf |
| 2 | 1 | Jungen: eine Vierteldrehung nach rechts, gleichzeitig einen Schritt in die neue Richtung mit dem rechten Fuß (s. Abb.) |
| | 2–3 | Jungen: 2 Schritte vorwärts, links beginnend |
| | 4 | Jungen: halbe Drehung nach links ohne Beinwechsel |
| | 5–7 | Jungen: 3 Schritte vorwärts, links beginnend |
| | 8 | Jungen: halbe Drehung nach rechts ohne Beinwechsel |
| 3 | 1–3 | Jungen: 3 Schritte vorwärts, rechts beginnend |
| | 4–8 | Jungen: Wiederholung B2, 4–8 |
| 4 | 1–8 | Jungen: Wiederholung B3<br>Mädchen: bilden einen Kreis, Hände gefasst |

| C-Teil | Zählzeiten | Beschreibung (00:30) |
|---|---|---|
| 1 | 1–8 | Mädchen: im Kreis rechts herum gehen<br>Jungen: stehen bleiben, zusammen gehen, belustigende Gesten in Richtung der Mädchen |
| 2 | 1–8 | Mädchen: Wiederholung C1, gegengleich<br>Jungen: ziehen sich in eine Ecke zurück |
| 3 | 1–8 | Mädchen: in die Kreismitte gehen |
| 4 | 1–8 | Mädchen: aus der Kreismitte heraus gehen |
| 5–8 | je 1–8 | Mädchen: Wiederholung C1–4<br>Jungen: gehen mit coolen Schritten auf die Mädchen zu |

| D-Teil | Zählzeiten | Beschreibung (00:59) |
|---|---|---|
| 1 | 1–8 | Wiederholung B1 |
| 2 | 1–8 | Wiederholung B2 |
| 3 | 1–8 | Wiederholung B3 |
|  | 1 | Jungen: in die Grätsche springen |
|  | 2 | Jungen: springen und Füße schließen |
|  | 3 | Jungen: in die Grätsche springen |
| 4 | 4 | Jungen: Pause |
|  | 5 | Jungen: springen und Füße schließen |
|  | 6 | Jungen: in die Grätsche springen |
|  | 7 | Jungen: springen und Füße schließen |
|  | 8 | Jungen: Pause |
| 5 | 1–8 | Wiederholung B2 |
| 6 | 1–8 | Wiederholung B3 |
| 7 | 1–8 | Wiederholung D4 |
| 8 | 1–8 | Jungen: Wiederholung D4<br>Mädchen: bilden einen Kreis |

Wiederholung Teil A (01:27)

| E-Teil | Zählzeiten | Beschreibung (01:41) |
|---|---|---|
| 1 | 1 | Jungen reihen sich in den Kreis ein. Alle Hände sind gefasst |
| | 2–8 | im Kreis rechts herum gehen |
| 2 | 1–8 | im Kreis links herum gehen |
| 3 | 1–8 | mit 8 Schritten in die Kreismitte gehen |
| 4 | 1–8 | In Blockaufstellung formieren |
| 5 | 1–8 | Mädchen und Jungen: Wiederholung B2 |
| 6 | 1–8 | Mädchen und Jungen: Wiederholung B3 |
| 7 | 1–8 | Mädchen und Jungen: Wiederholung D4 |
| 8 | 1–8 | Mädchen und Jungen: Wiederholung D4 |

| Schluss- | Zählzeiten | Beschreibung (02:09) |
|---|---|---|
| 1 | 1–8 | Mädchen und Jungen: Kinder gehen zueinander und schütteln sich die Hände |

# Gameboy

## Musiklänge: 2:37 Min

## Tanzteile:

| Intro | A | B | C | Bridge 1 | A | B | C | Bridge 1 | A | Bridge 2 | D | Schluss |
|---|---|---|---|---|---|---|---|---|---|---|---|---|
| 2 x 1–8 | 4 x 1–8 | 4 x 1–8 | 3 x 1–8 | 2 x 1–8 | 4 x 1–8 | 4 x 1–8 | 3 x 1–8 | 2 x 1–8 | 4 x 1–8 | 1 x 1–8 | 8 x 1–8 | 1 x 1–4 |

**Vorbereitung:** die Kinder auf A und B durchzählen

**Aufstellung:** Innenstirnkreis, die Kinder sitzen in der Hocke

| Intro-Zählzeiten | | Beschreibung (00:00) |
|---|---|---|
| 1 | 1–2 | A-Kinder stehen auf |
| | 3–8 | Pause |
| 2 | 1–2 | B-Kinder stehen auf |
| | 3–8 | alle Kinder geben sich die Hände und wenden sich in Tanzrichtung |

| A-Teil | Zählzeiten | Beschreibung (00:08) |
|---|---|---|
| 1 | 1–8 | im Kreis in Tanzrichtung gehen |
| 2 | 1–8 | |
| 3 | 1–8 | im Kreis gegen die Tanzrichtung gehen |
| 4 | 1–8 | |

| B-Teil | Zählzeiten | Beschreibung (00:23) |
|---|---|---|
| 1 | 1–8 | Kind B geht mit 8 kleinen Schritten in einem kleinen Bogen vor Kind A (s. Abb. links) |
| 2 | 1–2 | Kind A geht in die Hocke, Kind B streckt beide Arme nach oben (s. Abb. rechts) |
| | 3,4 | Wechsel: Kind B geht in die Hocke, Kind A steht auf und streckt beide Arme nach oben |
| | 5,6 | Wiederholung B2, 1–2 |
| | 7,8 | Kind A steht auf, Kind B bleibt stehen |
| 3 | 1–6 | Kind B geht 6 Schritte rückwärts, Kind A geht 6 Schritte vorwärts |
| | 7,8 | Kind A dreht sich um, so dass es nach außen wie Kind B schaut |
| 4 | 1–4 | beide Kinder gehen hintereinander mit 4 großen Schritten vorwärts aus der Kreismitte (nach außen) |
| | 5–8 | mit 4 Schritten sich so aufstellen, dass Kind A die linke Schulter zur Kreismitte hat, Kind B die rechte Schulter zur Kreismitte, beide Kinder stehen sich gegenüber (s. Abb. nächste Seite) |

| C-Teil | Zählzeiten | Beschreibung (00:37) |
|---|---|---|
| 1 | 1–2 | Kind A: Ausfallschritt nach links (zur Kreismitte)<br>Kind B: Ausfallschritt nach rechts (zur Kreismitte) |
| | 3,4 | beide Beine schließen |
| | 5–8 | Kind A: Ausfallschritt nach rechts (zur Kreismitte)<br>Kind B: Ausfallschritt nach links (zur Kreismitte) |
| 2 | 1–2 | Kind A: Ausfallschritt nach rechts (aus der Kreismitte)<br>Kind B: Ausfallschritt nach rechts (zur Kreismitte) |
| | 3–4 | beide Beine schließen |
| | 5–8 | Kind A: Ausfallschritt nach links (aus der Kreismitte)<br>Kind B: Ausfallschritt nach links (zur Kreismitte) |
| 3 | 1–8 | Wiederholung C1 |

| Bridge 1- | Zählzeiten | Beschreibung (00:49) |
|---|---|---|
| 1 | 1–4 | 2 mal in die Grätsche und wieder zusammen springen |
| | 5–8 | mit 4 Sprüngen um die eigene Achse drehen |
| 2 | 1–8 | Wiederholung Bridge 1, 1<br>Kind B endet in Tanzrichtung, d.h. es führt entweder eine halbe oder anderthalb Drehungen mit den 4 Sprüngen aus (alle Kinder stehen wieder hintereinander) |

| | |
|---|---|
| Wiederholung Teil A | (00:56) |
| Wiederholung Teil B | (01:11) |
| Wiederholung Teil C | (01:26) |
| Wiederholung Bridge 1 | (01:37) |
| Wiederholung Teil A | (01:44) |

| Bridge 2- | Zählzeiten | Beschreibung (01:59) |
|---|---|---|
| 1 | 1–8 | Hände lösen, die Lehrerin benennt ein Kind für die nun folgende Schlange |

| D-Teil | Zählzeiten | Beschreibung (02:03) |
|---|---|---|
| 1–8 | je 1–8 | Das Kind beginnt gegen die Tanzrichtung im Slalom um die stehenden Kinder herumzugehen. Sobald ein Kind passiert wurde, schließt sich dieses dem Anführerkind an. Somit entsteht eine lange Schlange die sich im Slalom durch den Raum bewegt. |

| Schluss | Zählzeiten | Beschreibung (02:32) |
|---|---|---|
| 1 | 1–4 | die Kinder bleiben in einer frei gewählten Pose stehen |

## Variation:

Bei Teil A können den Kindern verschiedene Schritte vorgeben werden, wie z.B.: Kreuzschritt, Seitanstell- oder Nachstellschritt.

# Harmony and Rhythm

Track 2

## Musiklänge: 2:47 Min

## Tanzteile:

| Intro | A | B | A | C | D | C | D | A | B | A | C | D | E | D | B |
|---|---|---|---|---|---|---|---|---|---|---|---|---|---|---|---|
| 1x<br>1–4 | 4 x<br>1–8 | 4x<br>1–8 | 4 x<br>1–8 | 2 x<br>1–8 | 1 x<br>1–8 | 2 x<br>1–8 | 1 x<br>1–8 | 4 x<br>1–8 | 4 x<br>1–8 | 4 x<br>1–8 | 2 x<br>1–8 | 1 x<br>1–8 | 2 x<br>1–8 | 1 x<br>1–8 | 4x<br>1–8 |

**Aufstellung:** Die Kinder stehen sich paarweise, ca. 8 Schritte voneinander entfernt, im Raum verteilt gegenüber

| Intro-Zählzeiten | | Beschreibung (00:00) |
|---|---|---|
| 1 | 1–4 | Pause |

| A-Teil | Zählzeiten | Beschreibung (00:02) |
|---|---|---|
| 1 | 1–7 | 7 Schritte aufeinander zu gehen, der rechte Fuß beginnt |
| | 8 | den linken Fuß neben dem rechten Fuß schließen |
| | 1 | die rechten Handinnenflächen in Bauchhöhe (die Handaussenkante zeigt zum Boden), vor dem Körper, gegeneinander klatschen (s. Abb. links, nächste Seite) |
| 2 | 2 | die rechten Handrücken in Bauchhöhe (die Handaussenkante zeigt zum Boden), vor dem Körper, aneinander klatschen |
| | 3 | die rechten Handinnenflächen in Kopfhöhe gegeneinander klatschen (s. Abb. rechts, nächste Seite) |
| | 4 | die linken Handinnenflächen in Kopfhöhe gegeneinander klatschen |
| | 5 | jeweils die linken Hände mit den Handflächen nach unten Richtung Boden führen, die rechten Hände mit den Handflächen nach oben Richtung Decke führen, dabei klatschen jeweils die rechten Hände und die linken Hände gegeneinander |
| | 6 | Wiederholung A2, 5 gegengleich |
| | 7–8 | beide Handinnenflächen in Kopfhöhe 2 x gegeneinander klatschen |
| 3 | 1–7 | 7 Schritte rückwärts gehen, der rechte Fuß beginnt |
| | 8 | den linken Fuß neben dem rechten Fuß schließen |
| 4 | 1 | mit der rechten Hand auf den eigenen rechten Oberschenkel patschen |
| | 2 | mit der linken Hand auf den eigenen linken Oberschenkel patschen |
| | 3 | mit dem rechten Fuß auf den Boden stampfen |
| | 4 | mit dem linken Fuß auf den Boden stampfen |
| | 5 | die rechte Hand auf die linke Schulter legen |
| | 6 | die linke Hand auf die rechte Schulter legen |
| | 7,8 | 2 x in die eigenen Hände klatschen |

| **B-Teil** | **Zählzeiten** | **Beschreibung** (00:18) |
| --- | --- | --- |
| **1** | 1–8 | 1 x rechts herum mit kleinen Schritten auf dem Fußballen um die eigene Achse drehen, die Arme sind jeweils nach oben neben dem Kopf gestreckt und bilden ein großes V (s. Abb.) |
| **2** | 1 | in die Grätsche springen |
| | 2 | mit einem kleinen Sprung die Beine wieder schließen, |
| | 3–4 | Wiederholung B2, 1–2 |
| | 5–6 | in die Hocke springen |
| | 7–8 | aufstehen und Arme nach oben zur Decke strecken |
| **3** | 1–8 | Wiederholung B1 gegengleich, d.h. links herum drehen |
| **4** | 1–8 | Wiederholung B2 |

Wiederholung Teil A (00:34)

| C-Teil | Zählzeiten | Beschreibung (00:50) |
| --- | --- | --- |
| 1 | 1–8<br>1–4 | durch den Raum laufen, dabei die Fersen an den Po schlagen und nach einem neuen Partner Ausschau halten |
| 2 | 5–8 | vor einem neuen Partner stehen bleiben |

| D-Teil | Zählzeiten | Beschreibung (00:58) |
| --- | --- | --- |
| 1 | 1 | mit dem rechten Fuß einen Schritt diagonal vorwärts gehen, dabei den rechten Arm diagonal neben den Kopf nach oben strecken |
| | 2 | mit dem linken Fuß einen Schritt diagonal vorwärts gehen (beide Beine stehen nun in der Grätsche), dabei den linken Arm diagonal neben den Kopf nach oben strecken |
| | 3 | mit dem rechten Fuß einen Schritt wieder zurück in die Ausgangsposition, den rechten Arm gestreckt neben den Körper führen |
| | 4 | den linken Fuß neben dem rechten Fuß schließen, den linken Arm gestreckt neben den Körper führen |
| | 5 | mit dem rechten Fuß seitlich in die Grätsche öffnen, dabei den rechten Arm seitlich parallel zum Boden strecken |
| | 6 | den linken Fuß seitlich in die Grätsche öffnen, dabei den linken Arm seitlich parallel zum Boden strecken |
| | 7 | den rechten Fuß zurück in die Ausgangsposition stellen, den rechten Arm neben den Körper führen |
| | 8 | den linken Fuß neben den rechten Fuß stellen, den linken Arm neben den Körper führen |

Wiederholung Teil C (01:02)
Wiederholung Teil D (01:10)
Wiederholung Teil A (01:14)
Wiederholung Teil B (01:30)
Wiederholung Teil A (01:46)
Wiederholung Teil C (02:02)
Wiederholung Teil D (02:10)

| E-Teil | Zählzeiten | Beschreibung (02:14) |
|---|---|---|
| 1 | 1–8 | durch den Raum laufen, dabei die Fersen an den Po schlagen |
| 2 | 1–8 | Wiederholung E1, dabei einen großen Kreis mit genügend seitlichem Abstand bilden |

Wiederholung Teil D (02:22)
Wiederholung Teil B (02:26)

## Variation:

Die Endaufstellung kann variiert werden, zum Beispiel je nach Klassengröße kann zum Schluss auch eine lange Linie gebildet werden oder eine Gasse o.ä.
Mit geübten Kindern kann Teil D verändert werden, indem auf die ersten 4 Zählzeiten Kind A vier eigene Bewegungen ausführt und Kind B auf die Zählzeiten 5–8 diese Bewegungen wiederholt. Die Klasse sollte vorher in A und B aufgeteilt und der Tanz zweimal getanzt werden – einmal gibt Kind A die Bewegungen vor, beim zweiten Mal Kind B.

## Weiterführung in der Gasse:

Teil C
Das erste Paar macht Seitgalopp durch die Gasse, gleichzeitig klatschen alle anderen Kinder.
Bei der Wiederholung beginnt das nächste Paar.
Damit alle Kinder durch die Gasse galoppieren dürfen, stellen sich jeweils vier Paare in eine Gasse.

# Cool

## Musiklänge: 3:09 Min

## Tanzteile:

| Intro | A | B | Bridge 1 | B | Bridge 2 | C | B | Bridge 1 | D | B | D |
|---|---|---|---|---|---|---|---|---|---|---|---|
| 2 x | 4x | 4x | 2x | 4x | 1x | 4x | 4x | 2x | 8x | 4x | 4x |
| 1–8 | 1–8 | 1–8 | 1–8 | 1–8 | 1–4 | 1–8 | 1–8 | 1–8 | 1–8 | 1–8 | 1–8 |

**Aufstellung:** Blockaufstellung, die Kinder stehen locker in der Hüfte auf dem linken Fuß, der rechte Fuß ist leicht seitlich ausgestellt, die Hände sind unterhalb der Hüftknochen eingestützt

| Intro-Zählzeiten | | Beschreibung (00:00) |
|---|---|---|
| 1–2 | je 1–8 | mit der rechten Ferse 16x auf den Boden tippen |

| A-Teil | Zählzeiten | Beschreibung (00:09) |
|---|---|---|
| 1 | 1–3 | 3 Schritte vorwärts gehen, rechts beginnend, Hände gehen mit |
| | 4 | linker Fuß kickt nach vorne, gleichzeitig 1x in die Hände klatschen |
| | 5–7 | 3 Schritte rückwärts gehen, links beginnend, Hände gehen mit |
| | 8 | rechten Fuß neben linken Fuß tippen, Gewicht bleibt links, gleichzeitig 2x in die Hände klatschen |
| 2 | 1–8 | Wiederholung A1 |
| 3 | 1 | rechter Fuß geht in die Grätsche, Oberkörper geht mit, linker Fuß dreht auf der Fußspitze ein, das linke Bein ist gebeugt<br>Fäuste kreuzen an den Handgelenken über dem Kopf. Kopf ist diagonal nach unten geneigt (s. Abb.) |
| | 2–7 | Pose halten |
| 4 | 1 | in die Mitte drehen, beide Beine gestreckt, Position der Arme halten |
| | 2–4 | Pose halten |
| | 5 | Wiederholung A3, 1 gegengleich |
| | 6 | Pose halten |
| | 7 | Wiederholung A4,1 |
| | 8 | Pose halten |

| B-Teil | Zählzeiten | Beschreibung (00:27) |
|---|---|---|
| 1 | 1–4 | 4 Schritte vorwärts gehen, rechts beginnend |
| | 5–7 | 3 Schritte rückwärts gehen, rechts beginnend |
| | 8 | mit einer viertel Drehen nach rechts springen |
| 2 | 1–8 | |
| 3 | 1–8 | Wiederholung B1 |
| 4 | 1–8 | |

| Bridge 1- | Zählzeiten | Beschreibung (00:44) |
|---|---|---|
| 1 | 1 | Schritt nach rechts |
| | 2 | linker Fuß tippt neben dem rechten Fuß auf, 1x in die Hände klatschen |
| | 3 | Schritt nach links |
| | 4 | rechter Fuß tippt neben dem linken Fuß auf, 2x in die Hände klatschen |
| 2 | 1–8 | Wiederholung Bridge 1, 1, gegengleich |

Wiederholung Teil B, gegengleich (00:53)

| Bridge 2- | Zählzeiten | Beschreibung (01:10) |
|---|---|---|
| 1 | 1–4 | Pause |

| C-Teil | Zählzeiten | Beschreibung (01:13) |
|---|---|---|
| 1 | 1 | rechter Fuß geht in die Grätsche, zeitgleich rechte Faust diagonal nach rechts oben und linke Faust diagonal nach links unten strecken (über die Gelenke) (s. Abb. links) |
| | 2 | Pause |
| | 3 | rechte Faust diagonal nach rechts unten und linke Faust diagonal nach links oben strecken (über die Gelenke) (s. Abb. Mitte) |
| | 4 | Pause |
| | 5 | rechte Faust über die Gelenke diagonal nach rechts oben strecken |
| | 6 | beide Fäuste seitlich diagonal nach unten strecken |
| | 7 | beide Fäuste seitlich diagonal nach oben strecken (V) |
| | 8 | Wiederholung C1, 6 |
| 2 | 1 | rechte Fingerspitzen stehen auf dem linken Ellenbogen (Finger sind gestreckt), linke Fingerspitzen stehen in der rechten Ellenbogenbeuge (s. Abb. rechts) |
| | 2 | Wiederholung C2, 1 gegengleich |
| | 3–8 | Wiederholung C2, 1–2 |
| 3 | 1–8 | Wiederholung C1 |
| 4 | 1–8 | Wiederholung C2 |

Wiederholung B-Teil (01:30)
Wiederholung Bridge 1 (01:47)

| D-Teil | Zählzeiten | Beschreibung (01:56) |
|---|---|---|
| 1 | 1 | in die Hocke springen, Handflächen liegen auf dem Boden |
| | 2–4 | Pause |
| | 5 | Beine springen nach hinten in eine Liegestützposition |
| | 6 | Halten |
| | 7 | Arme einknicken (Liegestütz) |
| | 8 | Arme wieder strecken  |
| 2 | 1–2 | den Körper nach rechts drehen, dazu den linken Arm über die Seite nach oben hinten drehen (Bauch ist jetzt oben) (s. Abb.)  |
| | 3–4 | halten |
| | 5–6 | den Körper in die gleiche Richtung weiterdrehen, dazu den rechten Arm über die Seite nach oben hinten drehen (Rücken ist jetzt oben) 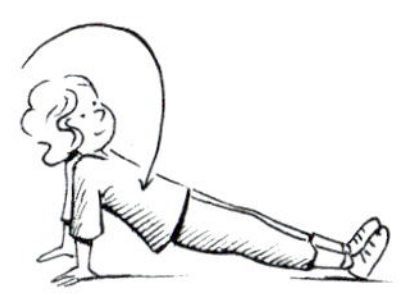 |
| | 7–8 | halten |
| 3 | 1 | in die Hocke springen |
| | 2–4 | Pause |
| | 5 | in die Grätsche springen, Arme dabei unter der Brust verschränken |
| | 6–8 | Pose halten |
| 4 | 1 | mit dem rechten Bein in die Luft kicken |
| | 2 | rechten Fuß aufstellen |
| | 3 | mit dem linken Bein in die Luft kicken |
| | 4 | linken Fuß aufstellen |
| | 5–8 | Arme umeinander rollen |
| 5–8 | je 1–8 | Wiederholung C-Teil |

Wiederholung Teil B, gegengleich (02:31)
Wiederholung Teil D1–D4 (02:49)

# Gute Laune

Track 8

## Musiklänge: 3:19 Min

## Tanzteile:

| Intro | A | A | B | A* | A* | C | Bridge | A* | A* | B* | C | Schluss |
|---|---|---|---|---|---|---|---|---|---|---|---|---|
| 2x<br>1–8 | 4x<br>1–8 | 4x<br>1–8 | 4x<br>1–8 | 4x<br>1–8 | 4x<br>1–8 | 4x<br>1–8 | 1x<br>1–4 | 4x<br>1–8 | 4x<br>1–8 | 4x<br>1–8 | 4x<br>1–8 | 1x<br>1–4 |

**Vorbereitung:** Die Kinder auf 1 und 2 durchzählen

**Aufstellung:** Jeweils 4 Kinder bilden eine Linie. Dabei stehen die Kinder 1 und 2 nebeneinander.
4 Linien stehen hintereinander. Die Füße sind geschlossen, Arme werden seitlich neben dem Körper gehalten.

| Intro-Zählzeiten | | Beschreibung (00:00) |
|---|---|---|
| **1** | 1–8 | am Platz wippen |
| **2** | 1–8 | Kinder 1 führen eine Vierteldrehung nach rechts aus, Kinder 2 eine Vierteldrehung nach links, so dass sich jetzt immer zwei Kinder paarweise gegenüber stehen (s. Abb.) |

| A-Teil Zählzeiten | | Beschreibung (00:10) |
|---|---|---|
| **1** | 1 | den rechten Fuß seitlich auf die Ferse aufsetzen |
| | 2 | die rechte Fußspitze gekreuzt über den linken Fuß aufsetzen |
| | 3 | den rechten Fuß seitlich auf die Ferse aufsetzen |
| | 4 | die rechte Fußspitze gekreuzt über den linken Fuß aufsetzen |
| | 5–8 | 2 Seitnachstellschritte nach rechts |
| **2** | 1–8 | Wiederholung A1 gegengleich (mit dem linken Fuß) |
| **3** | 1–8+ | mit 8 Schritten umeinander herumgehen, ohne die Front zu wechseln (dos à dos)<br>auf „und“: Schritt mit dem rechten Fuß am Platz |
| **4** | 1 | Pause |
| | 2 | die jeweils rechten Hände beider Kinder klatschen in Kopfhöhe gegeneinander |
| | 3 | Pause |
| | 4 | die jeweils linken Hände beider Kinder klatschen in Kopfhöhe gegeneinander |
| | 5–8 | Wiederholung A4 1–4 |

Wiederholung Teil A (00:28)

| B-Teil | Zählzeiten | Beschreibung (00:46) |
| --- | --- | --- |
| 1 | 1–4 | Gewicht auf den linken Fuß verlagern und über die linke Seite drehen, der rechte Fuß wird an den linken Fuß herangezogen, die Hände gegeneinander legen und sich mit den Händen gegeneinander abdrücken, die Drehung endet mit der Körperfront zum Publikum (s. Abb.) |
| | 5–8 | rechten Fuß über den linken Fuß gekreuzt aufsetzen und auf beiden Füßen drehen. Die Drehung endet mit der Körperfront zum Publikum |
| 2 | 1–4 | Linie 1 hält sich an den Händen fest und führt die Arme diagonal nach oben, so dass Tore entstehen. Linien 2, 3 und 4 bleiben mit geschlossenen Füßen stehen |
| | 5–7 | Linie 2 geht mit drei Schritten vorwärts durch die Tore, Linien 3 und 4 bleiben mit geschlossenen Füßen stehen |
| | 8 | Linien 1 und 2 gehen in die Hocke, Linien 3 und 4 bleiben mit geschlossenen Füßen stehen |
| 3 | 1–4 | Linie 3 hält sich an den Händen fest und führt die Arme diagonal nach oben, so dass Tore entstehen. Linien 1 und 2 bleiben in der Hocke sitzen |
| | 5–7 | Linie 4 geht mit mehreren Schritten vorwärts durch die Tore, Linien 1 und 2 bleiben in der Hocke sitzen |
| | 8 | Linien 3 und 4 gehen ebenfalls in die Hocke |
| 4 | 1–2 | Linie 3 steht auf |
| | 3–4 | Linie 4 steht auf |
| | 5–6 | Linie 1 steht auf |
| | 7–8 | Linie 2 steht auf |

| A*-Teil | Zählzeiten | Beschreibung (01:05) |
|---|---|---|
| 1–3 | je 1–8 | Wiederholung A, 1–3 |
| 4 | 1 | Pause |
| | 2 | in die eigenen Hände klatschen |
| | 3 | Pause |
| | 4 | in die eigenen Hände klatschen |
| | 5 | Pause |
| | 6 | in die eigenen Hände klatschen |
| | 7 | Pause |
| | 8 | in die eigenen Hände klatschen |

Wiederholung Teil A* (01:23)

| C-Teil | Zählzeiten | Beschreibung (01:41) |
|---|---|---|
| 1 | 1 | rechten Fuß zur Seite in die Grätsche öffnen |
| | 2 | den eigenen Körper mit beiden Händen umschlingen (rechte Hand hinter die linke Schulter, linke Hand hinter die rechte Schulter) |
| | 3+ | Pause<br>auf „und“: den Kopf nach rechts drehen |
| | 4 | den Kopf zurück in die Mitte drehen |
| | 5 | rechtes Knie nach außen drehen, gleichzeitig hebt sich die rechte Ferse an, linkes Bein bleibt gestreckt |
| | 6 | rechtes Knie nach vorne drehen, gleichzeitig hebt sich die rechte Ferse an, linkes Bein bleibt gestreckt |
| | 7 | Gewicht auf rechten Fuß verlagern |
| | 8 | linken Fuß neben rechten Fuß aufstellen |
| 2 | 1–8 | Wiederholung C1 |
| 3–4 | je 1–8 | Wiederholung C1 und C2 gegengleich (mit dem linken Fuß nach links) |

| Bridge-Zählzeiten | | Beschreibung (01:59) |
|---|---|---|
| 1 | 1–4 | zackige Bewegungen mit den Armen frei gestalten |

Wiederholung Teil A* (02:02)
Wiederholung Teil A* (02:20)

| B*-Teil | Zählzeiten | Beschreibung (02:38) |
|---|---|---|
| 1 | 1–4 | Linien 1 und 3: rechten Fuß über den linken Fuß gekreuzt aufsetzen und auf beiden Füßen drehen. Die Drehung endet mit der Körperfront zum Publikum; Linien 2 und 4: linken Fuß über den rechten Fuß gekreuzt aufsetzen und auf beiden Füßen drehen. Die Drehung endet mit der Körperfront zum Publikum |
| | 5–8 | Linien 1 und 3: linken Fuß über den rechten Fuß gekreuzt aufsetzen und auf beiden Füßen drehen. Die Drehung endet mit der Körperfront zum Publikum; Linien 2 und 4: rechten Fuß über den linken Fuß gekreuzt aufsetzen und auf beiden Füßen drehen. Die Drehung endet mit der Körperfront zum Publikum |
| 2–4 | je 1–8 | Wiederholung Teil B2–B4 |

| C-Teil | Zählzeiten | Beschreibung (02:57) |
|---|---|---|
| **1** | 1 | rechten Fuß zur Seite in die Grätsche öffnen |
| | 2 | sich mit beiden Händen umschlingen (rechte Hand hinter die linke Schulter, linke Hand hinter die rechte Schulter) |
| | 3 | Pause |
| | + | den Kopf nach rechts drehen |
| | 4 | den Kopf zurück in die Mitte drehen |
| | 5 | rechtes Knie nach außen drehen, gleichzeitig hebt sich die rechte Ferse an, linkes Bein bleibt gestreckt |
| | 6 | rechtes Knie nach vorne drehen, gleichzeitig hebt sich die rechte Ferse an, linkes Bein bleibt gestreckt |
| | 7 | Gewicht auf rechts verlagern |
| | 8 | den linken Fuß neben den rechten Fuß aufstellen |
| **2** | 1–8 | Wiederholung C1 |
| **3–4** | je 1–8 | Wiederholung C1 und C2 gegengleich |

| Schluss- | Zählzeiten | Beschreibung (03:14) |
|---|---|---|
| **1** | 1–4 | zackige Bewegungen mit den Armen frei gestalten und in einer Pose stehen bleiben |

# Tanzende Bälle

Track 12

## Musiklänge: 2:48 Min

## Tanzteile:

| A | B | C | D | A | B | B | C | D | B | E |
|---|---|---|---|---|---|---|---|---|---|---|
| 4 x 1–8 | 4 x 1–8 | 4 x 1–8 | 4 x 1–8 | 4 x 1–8 | 4 x 1–8 | 4 x 1–8 | 4 x 1–8 | 4 x 1–8 | 4 x 1–8 | 4 x 1–8 +1–6 |

**Requisite:** Gymnastikbälle, für jedes Kind einen

**Aufstellung:** Innenstirnkreis, die Beine sind geschlossen

| A-Teil | Zählzeiten | Beschreibung (00:00) |
|---|---|---|
| 1 | 1–4 | den Ball mit beiden Händen hoch werfen und wieder fangen |
| | 5–8 | den Ball mit beiden Händen auf den Boden prellen und wieder fangen |
| 2–4 | je 1–8 | Wiederholung A1 (3x) |

| B-Teil | Zählzeiten | Beschreibung (00:15) |
|---|---|---|
| 1–2 | je 1–8 | den Ball um die linke Hand rollen, indem mit der rechten Hand um die linke Hand gekreist wird (s. Abb.) |
| 3–4 | je 1–8 | gegengleich |

| C-Teil | Zählzeiten | Beschreibung (00:30) |
|---|---|---|
| 1–3 | je 1–8 | Oberkörper neigen, den Ball um die geschlossenen Füße rollen |
| 4 | 1–4 | |
| | 5–8 | Oberkörper aufrichten und den Ball in die rechte Hand nehmen |

| D-Teil | Zählzeiten | Beschreibung (00:45) |
|---|---|---|
| 1 | 1–2 | alle geben den Ball nach rechts zum nächsten Kind in dessen linke Hand weiter |
| | 3 | den Ball von der linken in die eigene rechte Hand geben |
| | 4 | Pause |
| | 5–8 | Wiederholung D1, 1–4 |
| 2–4 | je 1–8 | Wiederholung D1 |

Wiederholung Teil A (01:00)
Wiederholung Teil B (01:14)
Wiederholung Teil B (01:29)
Wiederholung Teil C (01:44)
Wiederholung Teil D (01:59)
Wiederholung Teil B (02:14)

| E-Teil | Zählzeiten | Beschreibung (02:28) |
|---|---|---|
| 1 | 1–7 | jedes 2. Kind (A) geht mit 7 Schritten in die Kreismitte, rechter Fuß beginnt. Der Ball wird dabei mit beiden Händen vor dem Körper in Bauchhöhe gehalten und langsam nach oben in einem Bogen über vorne bis über den Kopf geführt.<br>Kinder B bleiben stehen. |
| | 8 | linker Fuß schließt neben dem rechten Fuß. |
| 2 | 1–7 | Kinder A gehen mit 7 Schritten rückwärts aus der Kreismitte heraus, rechter Fuß beginnt. Der Ball wird von oben in einem Bogen bis auf Bauchhöhe zurückgeführt. |
| | 8 | linker Fuß schließt neben dem rechten Fuß. |
| 3–4 | je 1–8 | Die B-Kinder wiederholen die Teile E1–E2.<br>Die A-Kinder bleiben stehen. |

| Schluss- | Zählzeiten | Beschreibung (02:43) |
|---|---|---|
| 1 | 1–6 | alle Kinder rollen ihren Ball sanft in die Kreismitte. |

# Sonnenaufgang

**Musiklänge: 4:48 Min**

**Tanzteile:**

| A | B | C | D | E | F | G | H | I | J | K | L | M | N | O |
|---|---|---|---|---|---|---|---|---|---|---|---|---|---|---|
| 4x 1–8 | 4x 1–8 | 4x 1–8 | 4x 1–8 | 4x 1–8 | 4x 1–8 | 4x 1–8 | 4x 1–8 | 4x 1–8 | 4x 1–8 | 4x 1–8 | 4x 1–8 | 4x 1–8 | 4x 1–8 | 4x 1–8 |

| A | P | B | C |
|---|---|---|---|
| 4x 1–8 | 4x 1–8 | 4x 1–8 | 4x 1–8 |

**Aufstellung:** Die Kinder sitzen in Vierergruppen frei im Raum. Zwei Kinder sitzen im Fersensitz vorne und 2 Kinder sitzen im Kniestand dahinter.

Alle Kinder:

| A-Teil | Zählzeiten | Beschreibung (00:00) |
|---|---|---|
| 1 | 1–2 | zunächst den rechten Arm von links nach rechts über den Kopf in einen Halbkreis führen und die Hand auf den rechten Oberschenkel legen |
| | 3–4 | der linke Arm folgt dem rechten Arm |
| | 5–8 | Wiederholung A1, 1–4 gegengleich |
| 2 | 1–8 | Wiederholung A1 |
| 3 | 1–8 | Wiederholung A2 |
| 4 | 1–8 | Wiederholung A3 |

Die hinteren Kinder pausieren.
Die vorderen beiden Kinder führen die Bewegungen von Teil B aus:

| B-Teil | Zählzeiten | Beschreibung (00:16) |
|---|---|---|
| 1 | 1 | beide Arme zur Decke strecken |
| | 2 | Pause |
| | 3 | beide Arme wieder nach unten führen und die Hände auf die Oberschenkel legen |
| | 4 | Pause |
| | 5–8 | Wiederholung B1, 1–4 |
| 2–4 | je 1–8 | Wiederholung B1 |

Die vorderen beiden Kinder wiederholen Teil B.
Die hinteren beiden Kinder führen die Bewegungen von Teil C aus:

| C-Teil | Zählzeiten | Beschreibung (00:30) |
|---|---|---|
| 1 | 1 | Pause |
| | 2 | beide Arme zur Decke strecken |
| | 3 | Pause |
| | 4 | beide Arme wieder nach unten führen und die Hände auf die Oberschenkel legen |
| | 5–8 | Wiederholung C1, 1–4 |
| 2–3 | je 1–8 | Wiederholung C1 |
| 4 | 1–4 | Wiederholung C1, 1–4 |
| | 5–8 | aufstehen |

Die hinteren Kinder pausieren.
Die vorderen beiden Kinder führen die Bewegungen von Teil D aus.

| D-Teil | Zählzeiten | Beschreibung (00:45) |
|---|---|---|
| 1 | 1 | Die hinteren Kinder pausieren. Die vorderen beiden Kinder führen die Bewegungen von Teil D aus. |
| | 2 | Pause |
| | 3 | den rechten Fuß wieder zurück neben den linken Fuß schließen, Arme neben dem Körper lang nach unten strecken |
| | 4 | Pause |
| | 5–8 | Wiederholung D1, 1–4 |
| 2–4 | je 1–8 | Wiederholung D1 |

Die vorderen beiden Kinder wiederholen Teil D.
Die hinteren beiden Kinder führen die Bewegungen von Teil E aus:

| E-Teil | Zählzeiten | Beschreibung (01:00) |
|---|---|---|
| 1 | 1 | mit dem linken Fuß einen Ausfallschritt nach links, gleichzeitig die Hände auf die Oberschenkel legen |
| | 2 | Pause |
| | 3 | den linken Fuß wieder zurück neben den rechten Fuß schließen, Arme neben dem Körper lang nach unten strecken |
| | 4 | Pause |
| | 5–8 | Wiederholung D1, 1–4 |
| 2–4 | je 1–8 | Wiederholung D1 |

Die hinteren Kinder pausieren.
Die vorderen beiden Kinder führen die Bewegungen von Teil F aus.

| F-Teil | Zählzeiten | Beschreibung (01:15) |
|---|---|---|
| 1 | 1–4 | 2 Seitnachstellschritte nach rechts |
| | 5–8 | 2 Seitnachstellschritte nach links |
| 2–4 | je 1–8 | Wiederholung F1 |

Die vorderen beiden Kinder wiederholen Teil F.
Die hinteren beiden Kinder führen die Bewegungen von Teil G aus:

| G-Teil | Zählzeiten | Beschreibung (01:29) |
|---|---|---|
| 1 | 1–4 | 2 Seitnachstellschritte nach links |
| | 5–8 | 2 Seitnachstellschritte nach rechts |
| 2–4 | je 1–8 | Wiederholung F1 |

| H-Teil | Zählzeiten | Beschreibung (01:44) |
|---|---|---|
| 1 | 1–8 | die vorderen Kinder gehen mit 4 Seitnachstellschritten nach rechts, die hinteren Kinder nach links |
| 2 | 1–8 | die vorderen Kinder gehen mit 4 Seitnachstellschritten nach links, die hinteren Kinder nach rechts |
| 3–4 | je 1–8 | Wiederholung H1–2 |

| I-Teil | Zählzeiten | Beschreibung (01:59) |
|---|---|---|
| 1–4 | 4 x 1–8 | Alle Kinder gehen klatschend durch den Raum und stellen sich am Ende in eine Blockaufstellung auf. (s. Abb.) |

| J-Teil | Zählzeiten | Beschreibung (02:13) |
|---|---|---|
| 1 | 1–3 | 3 Schritte vorwärts gehen, mit rechts beginnen |
| | 4 | mit links einen Kick nach vorne |
| | 5–7 | 3 Schritte rückwärts gehen, mit links beginnen |
| | 8 | mit rechts einen Kick nach vorne |
| 2–4 | je 1–8 | Wiederholung J1 |

Alle Kinder:

| K-Teil | Zählzeiten | Beschreibung (02:28) |
|---|---|---|
| 1 | 1 | Schritt rechts zur Seite |
| | 2 | mit dem linken Fuß einen Schritt über den rechten Fuß |
| | 3 | Schritt rechts zur Seite |
| | 4 | den linken Fuß neben den rechten Fuß auftippen |
| | 5–8 | gegengleich |
| 2–4 | je 1–8 | Wiederholung K1 |

Alle Kinder:

| L-Teil | Zählzeiten | Beschreibung (02:43) |
|---|---|---|
| 1 | 1–2 | Seitanstellschritt nach rechts |
| | 3–4 | Seitanstellschritt nach rechts |
| | 5–8 | 2 Seitnachstellschritte nach links, am Ende den linken Fuß nur auftippen |
| | 5–8 | gegengleich |
| 2–4 | je 1–8 | Wiederholung K1 |

Alle Kinder:

| M-Teil | Zählzeiten | Beschreibung (02:58) |
|---|---|---|
| 1 | 1–3 | 3 Schritte vorwärts gehen |
| | 4 | Sprung mit einer halben Drehung |
| | 5–8 | Wiederholung M 1–4 |
| 2–4 | je 1–8 | Wiederholung M 1–8 |

Alle Kinder:

| N-Teil | Zählzeiten | Beschreibung (03:13) |
|---|---|---|
| 1 | 1 | mit rechts einen Schritt nach rechts, rechten Arm gestreckt diagonal nach oben führen |
| | 2 | mit links einen Schritt nach links, linken Arm gestreckt diagonal nach oben führen |
| | 3 | rechten Fuß in die Mitte zurückstellen, rechten Arm senken |
| | 4 | linken Fuß neben den rechten zurückstellen, rechten Arm senken |
| | 5–8 | Wiederholung N, 1–4 |
| 2–4 | je 1–8 | Wiederholung N, 1–8 |

Alle Kinder:

| O-Teil | Zählzeiten | Beschreibung (03:27) |
|---|---|---|
| 1–4 | je 1–8 | klatschend durch den Raum gehen und sich am Ende in der Ausgangsaufstellung positionieren. |

Wiederholung Teil A nur die vorderen Kinder, die hinteren Kinder pausieren. (03:42)

Die vorderen beiden Kinder wiederholen Teil A.
Die hinteren beiden Kinder führen die Bewegungen von Teil P aus:

| P-Teil | Zählzeiten | Beschreibung (03:57) |
|---|---|---|
| 1–4 | je 1–8 | Wiederholung A1–A4, gegengleich, Die Kinder stellen sich am Ende in der Ausgangsaufstellung auf. |

Wiederholung Teil B (04:12)
Wiederholung Teil C, am Ende Pose halten (04:26)

# Cool man

Track 10

## Musiklänge: 2:16 Min

## Tanzteile:

| Intro | A | B | C | D | A | C | Schluss |
|---|---|---|---|---|---|---|---|
| 1x<br>1–4 | 4 x<br>1–8 | 4 x<br>1–8 | 8 x<br>1–8 | 8 x<br>1–8 | 4 x<br>1–8 | 8 x<br>1–8 | 1 x<br>1–8 |

**Vorbereitung:** Kinder werden auf A und B durchgezählt

**Aufstellung:** paarweise (A und B) gegenüber, Beidhandfassung, die Hälfte der Kinderpaare steht in einer Reihe auf der einen Raumseite, die andere Hälfte steht in gleicher Höhe auf der anderen Raumseite

| Intro-Zählzeiten | | Beschreibung (00:00) |
|---|---|---|
| **1** | 1–4 | Pause |

| A-Teil | Zählzeiten | Beschreibung (00:02) |
|---|---|---|
| 1 | 1 | Kind A tippt die rechte Ferse seitlich auf<br>Kind B tippt die linke Ferse seitlich auf |
| | 2 | Kind A tippt die rechte Fußspitze links neben seinem linken Fuß auf<br>Kind B tippt die linke Fußspitze rechts neben seinem rechten Fuß auf |
| | 3–4 | Wiederholung Teil A1,1–2 |
| | 5–7 | 3 Schritte Seitgalopp; Kind A nach rechts, Kind B nach links |
| | 8 | Kind A tippt seinen linken Fuß neben seinem rechten Fuß auf.<br>Kind B tippt seinen rechten Fuß neben seinem linken Fuß auf. |
| 2 | 1–8 | Wiederholung A1 gegengleich |
| 3 | 1–8 | Wiederholung A1 |
| 4 | 1–8 | Wiederholung A2 |

| B-Teil | Zählzeiten | Beschreibung (00:16) |
|---|---|---|
| 1 | 1 | Kind A macht einen Ausfallschritt mit dem rechten Fuß nach hinten und nimmt den Oberkörper mit, rechtes Knie beugen<br>Kind B macht einen Ausfallschritt mit dem linken Fuß nach vorne und nimmt den Oberkörper mit, linkes Knie beugen (s. Abb.) |
| | 2 | Pause |
| | 3 | Kind A nimmt seinen Oberkörper nach vorne, linkes Knie beugen<br>Kind B nimmt seinen Oberkörper nach hinten, rechtes Knie beugen (s. Abb.) |
| | 4 | Pause |
| | 5 | Wiederholung B1, 3 gegengleich |

| B-Teil | Zählzeiten | Beschreibung (00:16) |
|---|---|---|
| | 6 | Pause |
| | 7 | Wiederholung B1,3 |
| | 8 | Pause |
| 2 | 1 | Kind A: Ausfallschritt nach rechts, rechtes Knie beugen<br>Kind B: Ausfallschritt nach links, linkes Knie beugen |
| | 2 | Pause |
| | 3 | Kind A: Gewicht sichtbar auf den linken Fuß verlagern, linkes Knie beugen<br>Kind B: Gewicht sichtbar auf den rechten Fuß verlagern, rechtes Knie beugen |
| | 4 | Pause |
| | 5 | Wiederholung B2, 3 gegengleich |
| | 6 | Pause |
| | 7 | Wiederholung B2, 3 |
| | 8 | Pause |
| 3 | 1–8 | Wiederholung A1 |
| 4 | 1–8 | Wiederholung A2 |

| C-Teil | Zählzeiten | Beschreibung (00:30) |
| --- | --- | --- |
| 1 | 1 | eine Vierteldrehung |
| | 2–8 | im Seitgalopp auf die andere Raumseite wechseln. Dabei heben die Kinder der rechten Reihe ihre Arme, so dass das ihr entgegen kommende Paar durch das Tor hindurch galoppieren kann (s. Abb.) |
| 2–8 | je 1–8 | Wiederholung C1, am Ende eine Vierteldrehung in die Ausgangsposition |

| D-Teil | Zählzeiten | Beschreibung (00:59) |
| --- | --- | --- |
| 1 | 1–2 | Kind A boxt mit seiner rechten Faust sanft in die rechte Handfläche von Kind B |
| | 3–4 | Kind A boxt mit seiner linken Faust sanft in die linke Handfläche von Kind B |
| | 5–6 | Wiederholung D1,1 |
| | 7–8 | Wiederholung D1,2 |
| 2 | 1–8 | Wiederholung D1, gegengleich (Kind B boxt) |
| 3 | 1–8 | Wiederholung D1 |
| 4 | 1–8 | Wiederholung D2 |
| 5 | 1 | Kind A hält seine rechte Faust in die Mitte<br>Kind B stellt seine rechte Faust darüber |
| | 2 | Fäuste wechseln |
| | 3 | beide Fäuste berühren sich von vorne |

| D-Teil | Zählzeiten | Beschreibung (00:59) |
|---|---|---|
| | 4 | Fäuste öffnen sich, die Kinder geben sich die beiden Hände |
| | 5 | die Hände umfassen den Daumen der jeweils anderen Hand |
| | 6 | Hände wieder „in üblicher Weise“ geben |
| | 7 | die Finger haken sich ineinander |
| | 8 | beide Handinnenflächen klatschen gegeneinander |
| 6 | 1–8 | Wiederholung D5 |
| 7 | 1–8 | Wiederholung D5, gegengleich |
| 8 | 1–8 | Wiederholung D7 |

Wiederholung Teil A (01:27)
Wiederholung Teil C (01:41)

Schluss: in das Schlussbild gehen (02:09)

# Sternklare Winternacht

Track 6

## Musiklänge: 2:47 Min

## Tanzteile:

| A | B | Bridge 1 | C | D | Bridge 2 | E | B | A | Schluss |
|---|---|---|---|---|---|---|---|---|---|
| 4 x<br>1–8 | 4x<br>1–8 | 1 x<br>1–4 | 4 x<br>1–8 | 4 x<br>1–8 | 1 x<br>1–4 | 4 x<br>1–8 | 4 x<br>1–8 | 4 x<br>1–8 | 1 x<br>1–8 |

**Requisite:** 1 Knicklicht pro Kind

**Vorbereitung:** Kinder auf A und B durchzählen

**Aufstellung:** Innenstirnkreise mit ca. 4–6 Kinder bilden, Füße sind geschlossen.
Die Knicklichter werden hinter dem Rücken gehalten.

| A-Teil | Zählzeiten | Beschreibung (00:00) |
|---|---|---|
| 1 | 1–8 | Pause |
| 2 | 1–8 | 4 Seitanstellschritte nach rechts |
| 3 | 1–8 | 4 Seitanstellschritte nach links |
| 4 | 1–8 | sich mit 8 Schritten um die eigene Achse drehen, gleichzeitig das Knicklicht vor den Körper führen und am Ende in die rechte Hand nehmen, die rechte Körperseite zur Kreismitte wenden, den rechten Arm in Stirnhöhe zur Mitte anheben, die linke Hand einstützen (s. Abb.) |

| A-Teil | Zählzeiten | Beschreibung (00:22) |
|---|---|---|
| 1 | 1–6 | 6 Schritte auf der Kreisbahn vorwärts gehen |
| | 7,8 | über die Kreismitte eine halbe Drehung ausführen, das Knicklicht bleibt in der rechten Hand, den rechten Arm über oben nach außen führen |
| 2 | 1–6 | 6 Schritte auf der Kreisbahn vorwärts gehen |
| | 7,8 | über die Kreismitte eine halbe Drehung ausführen, das Knicklicht bleibt in der rechten Hand, den rechten Arm über oben zur Kreismitte führen |
| 3–4 | je 1–8 | Wiederholung B1 und B2 |

| Bridge 1-Zählzeiten | | Beschreibung (00:43) |
| --- | --- | --- |
| 1 | 1–4 | die Kinder gehen mit beliebig vielen Schritten in eine Linie, die Knicklichter hinter den Rücken führen<br>Kinder A schauen zum Publikum<br>Kinder B stehen mit dem Rücken zum Publikum<br>Immer ein A und B Kind stehen nebeneinander |

| C-Teil | Zählzeiten | Beschreibung (00:46) |
| --- | --- | --- |
| 1 | 1–8 | Kinder A: 4 Seitanstellschritte nach rechts<br>Kinder B: 4 Seitanstellschritte nach links |
| 2 | 1–6 | Kinder A: 3 Seitanstellschritte nach links<br>Kinder B: 3 Seitanstellschritte nach rechts |
| | 7,8 | alle Kinder führen eine halbe Drehung über die rechte Seite aus |
| 3–4 | je 1–8 | Wiederholung C1 und C2 gegengleich |

| D-Teil | Zählzeiten | Beschreibung (01:07) |
| --- | --- | --- |
| 1 | 1–4 | 4 Schritte vorwärts gehen, rechts beginnend, das Knicklicht in der rechten Hand halten und langsam den gestreckten Arm nach oben über den Kopf führen, linken Arm neben der linken Körperseite nach unten ausstrecken (s. Abb.) |
| | 5–8 | 4 Schritte rückwärts gehen, den rechten gestreckten Arm nach unten neben die rechte Körperseite führen |
| 2 | 1–4 | Wiederholung D1, 1–4 |
| | 5,6 | 2 Schritte rückwärts gehen, den rechten gestreckten Arm nach unten neben die rechte Körperseite führen |
| | 7,8 | mit 2 Schritten über die rechte Körperseite eine halbe Drehung ausführen |
| 3–4 | je 1–8 | Wiederholung D1 und D2 |

| Bridge 2- | Zählzeiten | Beschreibung (01:28) |
|---|---|---|
| 1 | 1–4 | die Kinder gehen mit beliebig vielen Schritten in eine Reihe, wenn die Kinder in der Reihe angekommen sind, werden die Knicklichter zwischen den Handinnenflächen gehalten |

| E-Teil | Zählzeiten | Beschreibung (01:31) |
|---|---|---|
| 1 | 1–8 | Kinder A: 4 Seitanstellschritte nach rechts, gleichzeitig 4 kleine Unterarmkreise vor der Köpermitte ausführen<br>Kinder B: 4 Seitanstellschritte nach links, gleichzeitig 4 kleine Unterarmkreise vor der Köpermitte ausführen |
| 2 | 1–8 | Wiederholung E1 gegengleich |
| 3 | 1–8 | Wiederholung E1 |
| 4 | 1–6 | 6 Schritte vorwärts auf den Zehenballen gehen, dabei beide Arme über den Kopf führen |
| | 7,8 | Aufstellung zum Kreis wie in Teil B |

Wiederholung Teil B (01:53)
Wiederholung Teil A (02:14)

| Schluss- | Zählzeiten | Beschreibung (02:35) |
|---|---|---|
| 1 | 1–8 | alle Kinder stellen sich zu einem gemeinsamen Schlussbild auf, z.B. in drei Linien hintereinander, wobei die erste Linie sitzt und die Knicklichter senkrecht parallel vor der Brust hält, die zweite Linie kniet und die Knicklichter waagerecht vor der Brust hält, die dritte Linie steht und die Knicklichter in einem „V“ über dem Kopf hält |

# Come on let's dance

Track 1

## Musiklänge: 5:03 Min

## Tanzteile:

| Intro | A | B | C | D | E | F | A | B | C | D | E |
|---|---|---|---|---|---|---|---|---|---|---|---|
| 2 x<br>1–8 | 8 x<br>1–8 | 8 x<br>1–8 | 4 x<br>1–8 | 4x<br>1–8 | 4x<br>1–8 | 4x<br>1–8 | 8 x<br>1–8 | 8 x<br>1–8 | 4 x<br>1–8 | 4x<br>1–8 | 4x<br>1–8 |

**Aufstellung:** Gasse

| Intro-Zählzeiten | | Beschreibung (00:00) |
|---|---|---|
| 2 | 1–8<br>1–8 | Pause |

| A-Teil | Zählzeiten | Beschreibung (00:11) |
|---|---|---|
| 1 | 1–3 | 3 Schritte vorwärts gehen, rechts beginnen |
| | 4 | linker Fuß schließt neben dem rechten Fuß, 1x in Brusthöhe gegen die Hände des Partners klatschen |
| | 5–7 | 3 Schritte rückwärts gehen, rechts beginnnen |
| | 8 | linker Fuß schließt neben dem rechten Fuß, 2 x in die eigenen Hände klatschen |
| 2 | 1–8 | Wiederholung A1 |
| 3 | 1–8 | Linien gehen mit 8 Schritten vorwärts aneinander vorbei auf den jeweils gegenüberliegenden Platz |
| 4 | 1–8 | am Platz stehen, Luftgitarre spielen (s. Abb.) |
| 5–7 | je 1–8 | Wiederholung A1–A3 |
| 8 | 1–8 | bis zur Mitte aufeinander zugehen, Luftgitarre spielen |

| B-Teil | Zählzeiten | Beschreibung (00:49) |
|---|---|---|
| 1 | 1 | alle geben sich die Hände und bilden einen Kreis |
| | 2–8 | in Tanzrichtung gehen |
| 2 | 1–8 | in Tanzrichtung gehen |
| 3 | 1–8 | Wiederholung B2, gegen die Tanzrichtung |
| 4 | 1–8 | Wiederholung B3 |
| 5 | 1 | Hände an einer Stelle lösen |
| | 2–7 | als Schlange durch den Raum gehen |
| 6 | 1–8 | eindrehen wie eine Schnecke, der Kopf der Schlange geht unter seinem Arm und unter den Armen des letzten Kinderpaares hindurch. Alle anderen Kinder folgen, Hände bleiben immer gefasst (s. Abb.) |
| 7 | 1 | Hände lösen |
| | 2–8 | in eine neue Aufstellung gehen: 2 Kinderpaare in Einhandfassung hintereinander, die vorderen Kinder nehmen ihre äußeren freien Hände hinter den Rücken, die hinteren Kinder ergreifen diese mit ihrer äußeren freien Hand (s. Abb. nächste Seite) |
| 8 | 1–8 | |

| C-Teil | Zählzeiten | Beschreibung (01:27) |
|---|---|---|
| 1 | 1–8 | durch den Raum gehen, das hintere Kinderpaar folgt dem vorderen Paar |
| 2 | 1–8 | das vordere Kinderpaar lässt die inneren Hände los, beide Kinder drehen sich nach außen und kommen hinter dem 2. Kinderpaar zum Stehen, Hände wieder fassen |
| 3 | 1–8 | Wiederholung C1 |
| 4 | 1–8 | Wiederholung C2 |

| D-Teil | Zählzeiten | Beschreibung (01:47) |
|---|---|---|
| 1 | 1–8 | Wiederholung C1 |
| 2 | 1–4 | die hinteren Kinder gehen mit 4 Schritten zwischen dem vorderen Kinderpaar durch, dafür die äußeren Hände lösen |
| | 5–8 | Wiederholung D2, 1–4 |
| 3 | 1–8 | Wiederholung D2 |
| 4 | 1–8 | Wiederholung C1 |

| E-Teil | Zählzeiten | Beschreibung (02:06) |
|---|---|---|
| 1 | 1–8 | die jeweils äußeren Kinder drehen sich nach außen weg, so dass eine Linie mit 4 Kindern entsteht, Hände fassen |
| 2 | 1–4 | 4 Schritte vorwärts gehen |
| | 5–8 | 4 Schritte rückwärts gehen |
| 3 | 1–8 | Wiederholung E2 |
| 4 | 1–8 | alle Kinder drehen durch das mittlere Tor, die „Torhände" lösen (s. Abb.) |

| F-Teil | Zählzeiten | Beschreibung (02:25) |
|---|---|---|
| 1–3 | je 1–8 | freies Tanzen und Bewegen |
| 4 | 1–8 | in die Ausgangsaufstellung gehen |

Wiederholung Teil A (02:44)
Wiederholung Teil B (03:23)
Wiederholung Teil C (04:01)
Wiederholung Teil D (04:20)
Wiederholung Teil E (04:40)

## Verzeichnis der Tänze und ihrer Tracknummer auf der Musik-CD

| Kapitel | Tanz | Schwierig-keits-stufe | CD Track-nummer |
|---|---|---|---|
| Im Klassenzimmer | Have a break | leicht | 5 |
| | Wasserlilien | mittel | 11 |
| | Ferienlager | leicht | 8 |
| | Relax | leicht | 13 |
| | Let's rock together | mittel | 4 |
| Tanzspiele | Brückengänger | leicht | 7 |
| | Tauchgang | leicht | 11 |
| | Schlischlaschlangentanz | mittel | 12 |
| | Country Line | mittel | 1 |
| Tänze | Hallo und Guten Tag | leicht | 2 |
| | Spaziergang | mittel | 3 |
| | Hier sind wir | schwer | 9 |
| | Schneeflocken | leicht | 6 |
| | Kids Rock | leicht | 4 |
| | Tanzende Tücher | schwer | 13 |
| | Boys and Girls | mittel | 10 |
| | Gameboy | mittel | 7 |
| | Harmony and Rhythm | schwer | 2 |
| | Cool | schwer | 9 |
| | Gute Laune | schwer | 8 |
| | Tanzende Bälle | mittel | 12 |
| | Sonnenaufgang | mittel | 3 |
| | Cool Man | leicht | 10 |
| | Sternklare Winternacht | schwer | 6 |
| | Come on let's dance | leicht | 1 |

## Register der Tänze nach Schwierigkeitsstufen

| Schwierig-keits-stufe | Tanz | Kapitel | CD Track-nummer |
|---|---|---|---|
| Leicht | Have a break | Im Klassenzimmer | 5 |
| | Ferienlager | Im Klassenzimmer | 8 |
| | Relax | Im Klassenzimmer | 13 |
| | Brückengänger | Tanzspiele | 7 |
| | Tauchgang | Tanzspiele | 11 |
| | Hallo und Guten Tag | Tänze | 2 |
| | Schneeflocken | Tänze | 6 |
| | Kids Rock | Tänze | 4 |
| | Cool Man | Tänze | 10 |
| | Come on let's dance | Tänze | 1 |
| Mittel | Wasserlilien | Im Klassenzimmer | 11 |
| | Let's rock together | Im Klassenzimmer | 4 |
| | Schlischlaschlangentanz | Tanzspiele | 12 |
| | Country Line | Tanzspiele | 1 |
| | Spaziergang | Tänze | 3 |
| | Boys and Girls | Tänze | 10 |
| | Gameboy | Tänze | 7 |
| | Tanzende Bälle | Tänze | 12 |
| | Sonnenaufgang | Tänze | 3 |
| Schwer | Hier sind wir | Tänze | 9 |
| | Tanzende Tücher | Tänze | 13 |
| | Harmony and Rhythm | Tänze | 2 |
| | Cool | Tänze | 9 |
| | Gute Laune | Tänze | 8 |
| | Sternklare Winternacht | Tänze | 6 |